CATALOGUE RAISONNÉ DES CURIOSITÉS

Qui composoient le Cabinet de feu Mme DUBOIS-JOURDAIN,

PAR PIERRE REMY.

A PARIS.

Chez DIDOT, l'aîné, Libraire & Imprimeur, rue Pavée, la premiere Porte cochere en entrant par le Quai des Augustins.

M. DCC. LXVI.

Nota. La Table des Matieres ſe trouve à la fin de ce Catalogue.

AVERTISSEMENT.

LORSQUE M. Gersaint donna au Public le Catalogue du Cabinet de M. de Lorangere, il disoit de ce célebre Curieux, » que pendant toute sa vie, il n'avoit » connu d'autres plaisirs que les » momens qu'il passoit à chercher les occasions de se procurer quelques nouveautés dans » les parties qui faisoient l'objet » de sa curiosité. Jamais Curieux » ne fut plus ardent à acquérir; » il résistoit difficilement à l'envie de posséder un beau morceau quand il lui manquoit; » souvent même ses desirs troubloient son repos, quand quelque hasard l'empêchoit de les » satisfaire. Il n'épargnoit ni soin » pour chercher, ni argent pour » acquérir, & il a mérité à juste » titre la qualité d'Amateur.

M. Gersaint ne pensoit gueres

alors, qu'en rendant à M. de Lorangere le tribut d'éloge qui lui étoit dû, il traçoit en même-tems le portrait de la Personne si justement regrettée de tous les Amateurs, dont le Cabinet fait l'objet de ce Catalogue. Tous ceux en effet, qui ont eu l'avantage de connoître Madame Dubois-Jourdain, la reconnoîtront trait pour trait dans ce tableau. Le gout qu'elle avoit pour l'Histoire naturelle, étoit chez elle, comme une passion favorite, à laquelle toutes les autres étoient sacrifiées. Née avec autant d'envie que de dispositions pour tout apprendre, M. Dubois-Jourdain lui avoit aisément inspiré ce gout, qu'il avoit lui-même.

Qu'il nous soit permis de dire ici un mot de ce bon Citoyen, si respectable par son amour patriotique, plus encore par sa probité, par sa candeur & par les actions d'humanité dont toute sa vie a été remplie. Nous ne descendrons point dans le détail de toutes ses actions; malheureusement les vertus des Particuliers n'intéressent pas assez le Public. Sa fortune le mettoit à portée de satisfaire ses gouts : celui auquel il se livra d'abord, fut celui de l'Histoire; mais peu content de savoir les faits historiques, sur-tout les anciens, qui lui étoient familiers, il aimoit à les voir comme présens dans tout ce qui pouvoit les retracer aux yeux : c'étoit pour se procurer cette satisfaction, qu'il avoit rassemblé en Livres & en Manuscrits, en Tableaux & en Estampes, en Médailles & en Bronzes, tout ce qui avoit quelque rapport intéressant à l'Histoire. L'on a pu juger de l'immensité de cette Collection, par la vente que nous en avons faite à sa mort, l'année derniere.

En cherchant ce qui pouvoit avoir trait à l'Histoire, il rencontra chez les Marchands, des objets d'Hiſtoire Naturelle : ces objets lui plûrent ; ils plûrent auſſi à Madame Dubois-Jourdain, en très peu de tems ſon gout devint très vif. Elle voulut former un Cabinet avec connoiſſance : dans cette vue, elle fit une étude particuliere de ce qu'en général on ne regarde que comme un amuſement. Ce zele ardent pour apprendre, lui fit ſuivre ſucceſſivement différens Cours de Phyſique, de Chymie & d'Hiſtoire Naturelle : auſſi étoit-elle très inſtruite.

Il eſt aiſé d'imaginer qu'avec autant d'ardeur que de connoiſſance, Madame Dubois-Jourdain dût compoſer un très beau Cabinet. Coquilles, Madrépores, Animaux, Inſectes, Minéraux, Cailloux, Agates, Pierres fines, en un mot, toutes les productions de la nature entroient dans ſon Cabinet.

Nous ne craignons point d'en trop dire pour faire l'éloge de cette Collection aussi universelle qu'elle est recherchée. Il n'est pas même possible que nous ajoutions à sa réputation ; elle est répandue non-seulement à Paris & dans toute la France, mais encore dans les Pays Etrangers : Madame Dubois-Jourdain, se faisoit un plaisir de montrer son Cabinet à tous ceux qui desiroient de le voir ; & quand on en sortoit, on étoit aussi étonné du bel ordre, dans lequel on avoit vu les objets, & du local richement décoré, qui en relevoit encore l'éclat, que satisfait & reconnoissant de la façon distinguée avec laquelle on avoit été reçu. Les Etrangers qui l'avoient vue, lorsqu'ils étoient de retour chez eux, avoit grand soin de recommander à tous ceux de leur Patrie qui voyageoient en France, d'aller voir ce Cabinet. Pour marquer plus particulierement leur reconnoissance à Madame Dubois-Jourdain, ils entretenoient avec elle un commerce de lettres relatives à l'Histoire Naturelle, & lui envoyoient avec empressement les productions de leur Pays, & les choses rares qu'ils pouvoient rencontrer.

Madame Dubois-Jourdain a toujours répondu à leur générosité par des envois réciproques. C'est par ces échanges multipliés qu'elle avoit acquis les plus beaux morceaux de sa riche Collection de mine.

Cette partie forme un objet tout-à-fait digne de l'attention des Curieux, par la suite & le beau choix, qu'on y remarque. Une chose même très essentielle, c'est que chaque morceau a son étiquette, qui annonce ce qu'il contient, & le Pays d'où il vient. Nous faisons cette remarque parcequ'en général ce que l'on achete est sans étiquette, ou avec des étiquette fausses ; chose très désagréable pour ceux qui forment des Cabinets, puiſque ce déſordre induit en erreur, & empêche de reconnoître les productions de chaque Pays.

Les Pétrifications ſont encore une ſuite intéreſſante; elle a été faite avec attention, & il eſt difficile d'en former une dans ce genre, qui ſoit plus étendue & mieux choiſie. On y voit des morceaux uniques, & qu'on ne peut pas ſe flatter de trouver, même avec le tems : il faut des haſards heureux pour ſe les procurer.

Les Cornalines, les Agates, les Jaſpes occupent auſſi une grande place dans ce Catalogue; il y a non-ſeulement de beaux échantillons, en plaques, de toutes ces pierres; mais encore des taſſes, des ſoucoupes, des vaſes mêmes, dont quelques uns ſont montés en or & en argent, & doivent être regardés comme bijoux, ou comme meubles précieux.

Tout le monde ſait que ce Cabinet renfermoit une belle Collection de Coquilles & de Madrépores. Parmi les Coquilles, il y en a de très rares : la plupart sont d'un volume peu ordinaire & riches en couleurs : les Madrépores sont aussi d'un grand volume, de formes très agréables, & en grand nombre. On a mis à leur suite & parmi les Polipes ou Méduses, le fameux morceau, dont M. Guettard a rendu compte à l'Académie des Sciences, & dont le Mémoire a été inséré dans ceux de l'année 1755. Ce morceau est des plus intéressants, non-seulement parcequ'il est unique; mais encore parcequ'il sert de piece de comparaison pour rendre compte de toutes les pétrifications, qui lui sont analogues. Nous renvoyons au N°. 374, sous lequel il est annoncé dans ce Catalogue, & où nous nous sommes étendus davantage sur son mérite.

A l'égard des inſectes, des oiſeaux & des quadrupedes, le nombre n'en eſt pas conſidérable ; mais il y a des Inſectes étrangers peu communs ; & parmi les oiſeaux & les quadrupedes pluſieurs ſont monſtrueux ; il y a même de ces monſtres parmi les ſquelettes humains.

Le gout univerſel de Madame Dubois-Jourdain, lui fit acquérir bien d'autres objets qui avoient plus de rapport aux Arts, qu'à l'Hiſtoire Naturelle. On trouvera dans cette vente, des Bronzes & autres curioſités Egyptiennes, de Figures & Buſtes de marbre, d bronze, d'ivoire, & d'autres ma tieres ; une très grandes quantit de Pierres gravées en creux & e reliefs ; de Vaſes & des Bas-relief d'Ivoire, travaillés avec beaucou d'art ; des Tableaux peints ſur La pis, Agates, Jaſpes & autres, o Artiſte a marié la couleur des ac cidents de la pierre avec ſon ſujet ;

des Habits Chinois, armes & ustensiles Indiens & Sauvages.

Nous ne finirions point si nous voulions parler de tous les objets qui composent ce Cabinet ; il nous suffit de dire que c'est le plus beau & le plus nombreux en ce genre, que nous ayons encore vu vendre. Il est fait pour flatter, & pour exciter la curiosité du Public.

La vente s'en fera le Lundi 12 Mai 1766, trois heures précises de relevée & jours suivans, rue Poupée, la deuxieme porte cochere à gauche en entrant par la rue Haute-Feuille.

Pour varier & satisfaire les différens gouts des Curieux, nous aurons soin d'exposer chaque jour en vente, des Numéros tirés de chaque classe, à l'exception néanmoins des ouvrages d'art, comme Bronzes, Marbres, Ivoires, Tableaux, Portraits & Sujets en émaux, que l'on vendra après tous les objets d'Histoire Naturelle.

CATALOGUE

CATALOGUE

DES CURIOSITÉS

Contenues dans les Cabinets de feue Madame DUBOIS-JOURDAIN.

COQUILLES.

1 UN *Arrosoir*, d'un assez beau blanc : il porte cinq pouces & demi de long.

2 Un *Tubulaire*, ou Tube vermiculaire, qui paroît être un Arrosoir manqué, de 3 pouces 3 lignes ; un autre *Tubulaire* de 7 pouces 6 lignes ; trois belles *Dentales* de couleur verte ; deux monceaux de *Vermisseaux* gris-blanc, & un *Vermisseau* contourné.

3 Un grand Tubulaire recourbé : il porte 15 pouces; un Vermisseau qua-

drangulaire, & plusieurs autres, dont un où tient une feuille, un autre sur une pierre. En tout dix morceaux.

19 . 7 4 Un Tubulaire à cloisons, de six pouces & demi; un autre très gros qui porte trois pouces neuf lignes: trois Vermiculaires blancs, &c. En tout 16 morceaux.

17 . 2 5 Trois estimables Groupes de *Tubulaires* d'especes différentes.

8 . 1 6 Une Baguette & une Corde où se sont formés des Vermiculaires différamment groupés; trois Coquilles & un Oursin chargés de vermisseaux; un Groupe de tuyaux d'orgue rouge, & un Vermisseau.

16 . 14 7 Un joli Groupe de Vermisseaux rouges; un autre blanc, & trois morceaux de bois des Digues de Hollande remplis de Tubulaires.

12 . 10 8 Un autre Groupe de tuyaux d'orgue rouge; des Vermiculaires sur un caillou qui leur sert de base; un autre sur un Oursin; un troisieme sur une pierre & sept autres différens. En tout onze pieces.

95 9 Un très grand *Nautille papiracé*, d'un beau blanc & de la plus grande conservation (M. d'Arg. pl. 5, lettre A), posé sur un pied de bois avec

un support de cuivre pour tenir ladite Coquille.

10 La même Coquille, belle & un peu moins grande, aussi sur un pied. 30 . 2

11 Un *Nautille*, avec des tubercules de l'espece rare (M. d'Arg. pl. 5, lettre C.), très beau. 18 . 2

12 Le même un peu plus petit & aussi fort beau; un autre très petit (M. d'Arg. pl. 5, lettre A.) 30 . 1

13 Un beau *Burgos* dépouillé, sur lequel on a gravé des ornemens & des grotesques d'après Callot. Il est sur un pied d'écaille garni en ivoire. 15 . 1

14 Un autre dépouillé en partie, & gravé en relief, représentant des figures de fantaisies & des ornemens: un pied de bois le porte. 27 . 12

15 Un beau & gros *Limas* brun à côtes, fluviatile, peu commun, de la Martinique. 24 . 1

16 Un Limas nommé *Cordon-bleu*, de la plus riche couleur; & un autre chargé de cailloux, appellé *la Fripiere*. 30 . 2

17 Deux autres de mêmes especes que les précédens. 4 . 10

18 Deux autres *Limas*; l'un est de l'espece du cordon-bleu, quoiqu'il n'en ait pas la couleur; le second umbiliqué. 25 . 19

20.1 19 Six belles *Coquilles* bien conservées; savoir, un Toît Chinois, un Limas applati, deux Dauphins, dont un vif en couleur, & l'autre dépouillé, une Bouche d'or, un Cornet de St Hubert.

25.1 20 Huit autres, qui sont un Cadran de riche couleur, un Cornet de Saint-Hubert, l'Œil de bouc, une grosse Peau de Serpent des mieux conservée, la Bouche d'argent, deux Limas jaunes, un Mamelon blanc.

26.10 21 Un gros *Limas noir*, & couleur orangé, les tubercules dépouillées ressemblent à des perles; il est rare & est gravé dans M. d'Argenville pl. 8, lettre B.

10. 22 Deux Veuves, dont une dépouillée, une Peau de Serpent; deux Sabots Chinois, une très grosse Bouche d'argent & un Perroquet. Sept coquilles.

16.16 23 Douze Limas différens, dont deux Sabots, un Cadran, &c.

50.4 24 Quatorze Coquilles, dont une belle Grive, deux Mamelons applatis, deux Boutons de camisolles, un Cadran, deux belles Nérites, & un Limaçon à bouche double, peu commun.

30.1 25 Seize autres, presque toutes sont

les mêmes de l'article précédent : le Limaçon à bouche double s'y trouve d'un gros volume.

26 Onze Nérites, dont une à doubles dents, & plusieurs autres Limaçons. En tout 18 Coquilles.

27 Quatorze Limas applatis de différentes especes.

28 Huit belles Coquilles ; savoir, l'Œil de bouc d'un très grand volume, un Toît Chinois, deux Peaux de Serpens bien conservées, une Bouche d'or, un Dauphin, celui que l'on nomme les Testicules, & un autre épineux.

29 Un Sabot Chinois, d'un grand volume & de l'espece rare ; un autre d'une riche couleur, & un Limas très beau.

30 Six Coquilles : deux Cornets de St. Hubert de riche couleur, une Grive, un Toît Chinois, un petit Dauplin & un gros Limas d'Amérique, bien conservé.

31 Dix belles Nérites d'especes différentes, deux Boutons de camisole, une Peau de Serpent, & un Téton de Venus brun.

32 Vingt Limaçons d'especes différen-

tres ; dont plusieurs Nérites , & deux Boutons de camisole.

33 Deux Limaçons à bouche doublée, deux Sabots d'especes différentes, une Peau de Serpent & plusieurs autres Limas : en tout 13 Coquilles.

34 Vingt-un Limas différens.

35 Cinquante-six autres aussi différens.

36 Cinquante-six autres.

37 Quinze Limas ; savoir, deux très belles Peaux de Serpens, deux boutons de camisole, deux Limas fluviatiles riches en couleur, trois Nérites ; quatre Buccins de deux especes différentes, deux autres Limaçons.

38 Dix Limaçons du plus grand choix.

39 Dix autres, dont une grosse Veuve dépouillée.

40 Un Limaçon fort rare à bouche retournée, appellée la *Lampe antique.*

41 Six Limas à bouche applatie, quelques-uns avec des dents, un sans dents marbré, rare.

42 Vingt-six Limaçons d'especes différentes.

43 Dix Limaçons, dont trois rubans, peu communs.

44 Trois Limaçons bouche à gauche d'especes différentes & très agréable.

45 Dix Buccins, dont cinq fluviatiles,

& celui que l'on nomme l'*Aveline*.

46 Quarante-quatre Buccins, especes différentes, & deux Dauphins. 9 . 1

47 Huit Bulles d'eau d'especes différentes, & quatre jolis Buccins. 18 . 5

48 Deux Buccins, l'un nommé *la Thiare*, de quatre pouces & demi, & l'autre *la Mitre*, de quatre pouces, elles sont superbes pour la couleur. 50

49 Les deux mêmes Coquilles un peu moins grandes. 13 . 1

50 Deux Idem. 10 . 5

51 Deux autres : la Mitre porte cinq pouces. 15 . 15

52 Huit Buccins, dont la Mitre, la Thiare à petits trous, l'Ivoire, &c. 6

53 Neuf autres Buccins. 9

54 Seize jolis Buccins nommés Minarets, de différentes especes, presque tous bien conservés, ce qui est rare à trouver. 9 . 12

55 Quarante différens petits Buccins. 10 . 8

56 Six jolis petits Buccins, dont un fort rare, il est piqueté de brun sur un fond jaunâtre. 78

57 Quatre beaux Fuseaux, dont deux Tours de Babel, d'un grand volume. Ces quatre Coquilles sont parfaites dans leur espece. 24 . 7

58 Deux beau fuseaux bien conservés; l'un des deux a la queue repliée par un accident arrivé à la coquille.

59 Le Fuseau de la grande espece, long d'environ neuf pouces.

60 Le Fuseau à dent sans escrecence, de cinq pouces & demie de long, la tête & le bec sont bien conservés.

61 Deux autres petits Fuseaux à dents, d'une espece différente que le précédent : ils sont plus petits, & le bec est recourbé; l'un a toute sa crue, & l'autre n'y est pas encore arrivé, aussi n'a t'il pas ses dents.

62 Deux Tours de Babel blanche, deux autres piquetées de noir, & quatre autres petits Fuseaux.

63 Quatre Tours de Babel d'especes différentes, un Ivoire & sept autres Buccins, en tout douze Coquilles.

64 Treize Coquilles, qui sont un Ivoire, un Limas rubané, une bouche doublée, deux Cornets de St. Hubert, & huit Nérites différentes.

65 Vingt-huit Coquilles, un Bouton de Camisolle, plusieurs Nérites & différens Buccins.

66 Vingt autres Buccins, dont plusieurs sont ailées, entr'autres celui qui est rayé de noir & doublé de jaune peu commun.

67 Douze autres ailées bien conservées, 10.11
& parmi lesquelles est celui à Tête
prolongée peu commun.

68 Deux gros Burgos, l'un avec sa robe, 23
& l'autre dépouillé, une Veuve aussi
dépouillée, un grand Buccin ailé,
un autre très gros & très épais, peu
commun : ces cinq Coquilles sont
d'un gros volume.

69 Quatre Foudres de couleur différen- 12
tes, un Tapis de Perse très bien conservé, & riche en couleur ; deux autres Buccins nommés la Tulipe.

70 Vingt Coquilles d'especes différen- 9.10
tes, dont un beau Buccin gris blanc,
bien conservé, & une Tête de Bécasse.

71 Dix ailées d'especes différentes, 4.11
dont celle à bouche noire, & celle à
bouche couleur de rose.

72 Vingt autres ailées d'especes diffé- 7
rentes.

73 Un beau Tapis de Perse, une Gri- 9.16
mace, la Gaufre, une Ailée doublée
d'un rouge vif, deux Buccins à queue,
deux autres Buccins, un Foudre, &
deux petites Poupres : onze Coquilles.

74 Une Grimace d'un beau volume, 12
dont la frange est bien conservée, un

Buccin ailé, nommé la Tourterelle, un autre à bouche noire, deux autres à bouches rouges, deux Bulles d'eau d'especes différentes.

12 . 1075 Une autre Grimace plus petite & bien conservée, douze ailées d'especes différentes aussi bien conservées, & trois Bulles d'eau différentes.

15 . 1076 La Gauffre d'un beau volume & d'une belle conservation, deux belles Buires, & deux jolis petits Casques différens.

7 . 1077 Trente-une Coquilles d'especes différentes, dont la Cordeliere.

50 . 1078 Une Cordeliere d'un très grand volume, un Bois-veiné, un Buccin triangulaire, celui à dents de Chien, & une espece d'Aigrette blanche.

16 . 1079 Un Buccin nommé le Dragon; une belle Aigrette, & deux autres Buccins différens.

18 . 1180 Un autre Dragon, un Triangulaire & deux Foudres : ces quatre Coquilles sont d'un gros volume.

25 . 181 Quatre Casques lardés à clous, & deux sans clous, une Aigrette, & neuf autres Coquilles.

12 . 182 Cinquante Coquilles de différentes especes.

83 Neuf Limaçons d'especes differen- 12 . 4
tes, travaillés ou dépouillés.

84 Trente-quatre autres Coquilles, 8
dont quelques-unes dépouillées.

85 Un très beau Burgos dépouillé, un 28 . 1
autre avec sa robe, une Veuve, deux
Buccins aîlés, dont un a une forme
extraordinaire : ces cinq Coquilles
sont bien conservées & d'un grand
volume.

86 Deux Gauffres, un Buccin alongé 10
d'nne riche couleur, deux Fuseaux
differens, un Radix mince, & deux
belles Nérites.

87 Un Radix papiracé, une Gauffre, 6 . 15
des Harpes, des Casques, &c. en
tout vingt Coquilles.

88 Deux Conques persiques, d'especes 21 . 1
differentes, dont une est rare, deux
Casques pavés, un troisiéme d'une
autre espece, & trois autres Coquilles, en tout huit.

89 Deux Conques persiques, pareilles 17 . 1
aux deux précédentes, deux belles
Bulles d'eau de differentes especes,
deux Harpes, un Radix épais, un
Foudre & une Musique.

90 Trois Couronnes d'Ethiopie, trois 30 . 5
Bulles d'eau, toutes trois differentes, deux Casques, un Casque lardé

sans clous, & une Tonne. Dix Coquilles.

91 Un Bois veiné, deux Harpes d'un très gros volume, deux Musiques & une Conque persique.

92 Une Harpe couleur de rose, celle appellée *Harpa nobilis*, & deux autres d'un très beau choix.

93 Une autre Harpe couleur de rose, moins vive en couleur que la précédente, une autre dont les stries d'un côté sont plus serrées qu'à l'ordinaire, deux autres d'une riche couleur, deux plus petites de l'espece prolongée, une blanchâtre, & deux Foudres.

94 Trois autres Harpes, deux Foudres, un Buccin d'un très grand volume, & bien conservé, & deux Musiques.

95 Une Musique verte & cinq autres différentes : ces six Coquilles sont d'un beau choix.

96 Une Musique verte, & une couleur de rose : ces deux Coquilles sont rares & bien conservées.

97 Un Bois veiné & une aîlée peu commune : ces deux Coquilles sont très conservées & d'un gros volume.

98 Un autre bois veiné, deux Tonnes d'especes différentes, une Conque persique polie, & un Casque,

99 Cinq Musiques, un Foudre, deux Harpes & une Turbinite d'un gros volume. 16 . 1

100 Quatre Musiques, un Foudre, deux Harpes, deux Casques différens, un Buccin triangulaire, & un gros Limaçon nommé bouche d'argent. 2 . 19

101 Vingt-cinq Coquilles d'especes différentes, dont le Buccin triangulaire. 10

102 Un Dragon, un Buccin d'un gros volume, une Grimace, quatre autres Buccins allongés, une Culotte de Suisse & une espece de Conque persique à tubercules : ces neuf Coquilles sont d'un beau choix. 12 . 15

103 Un Buccin nommé l'Unique, ou bouche à gauche ; deux autres jolis Buccins peu communs, une Pourpre triangulaire aussi peu commune, deux figues, dont une de l'espece rare, deux Casques pavés, & un Buccin tacheté de jaune : neuf Coquilles. 36

104 Un petit Buccin bouche à gauche, trois autres de différentes especes bouche à droite, un autre peu commun, qui porte un bouton sur la tête & deux jolis Casques. 9 . 12

105 Un très beau Buccin bouche à gauche, riche en couleur, un Radix papiracé bien conservé, un Limaçon 12

bleuatre: aussi papiracé : ces trois Coquilles sont très belles.

106 Deux très beaux Casques, l'un appellé Casque pavé, & l'autre fond bleu avec des bandes ondées brun clair.

107 Deux beaux Casques polis d'un gros volume, un plus petit de la même espece sans être poli, un autre de la Méditerranée peu commun, & quatre autres.

108 Un Casque tricoté, un autre à tête couronnée de tubercules : ces deux Coquilles sont d'un gros volume & bien conservés.

109 Quatre Casques, celui que l'on nomme tricoté, celui qu'on appelle Turban, dont la bouche est très belle, & deux autres d'especes différentes.

110 Deux autres de mêmes especes & à tubercules : ils sont d'un très gros volumes & fort riches en couleurs.

111 Un autre Casque turban, un plus petit de même espece, & une Tonne singuliere par les deux cordons de sa bouche.

112 Un autre Casque Turban, trois autres d'especes différentes, & deux jolies Tonnes.

113 Un Radix papiracé, & sept Caf-

ques especes différentes, dont celui que l'on nomme pavé.

114 Vingt-deux Casques d'especes différentes, quatre Buccins & deux Limaçons. 6 . 19

115 Trois Buccins d'un gros volume, celui que l'on nomme Culotte de Suisse, sa bouche est superbe & il est bien conservé, ce qui est fort rare à cette Coquille quand elle est d'un gros volume : celui qui vient de Cayenne, & un autre de la Méditerranée, difficile à trouver bien conservé. 24 . 19

116 Six petits Minarets, d'une belle conservation, & riche en couleur, deux jolis Papiers roulés, deux autres petits Buccins, l'un piqueté de noir & l'autre de rouge, deux Murex d'especes différentes, avec des pointes prolongées vers la bouche, deux petits Buccins couleur orangé, un petit Dauphin très bien conservé, & une petite Tête de Bécasse : en tout seize Coquilles. 29 . 19

117 Deux Buccins en forme d'Oreille de Midas, trois fausses *Scalata*, dont deux brunes & l'autre d'Amérique, un petit Buccin à côtes, peu commun, deux Rochers épineux & à dents, de 36 . 1

mêmes especes, un Murex à clous, une jolie Nérite, &c. Dix-neuf Coquilles.

118 Un Casque Bézoart, quatre Harpes, deux Murex à clous, une Tête de Bécasse, trois pattes d'Araignées, une Porcelaine coupée & deux Pourpres différentes.

119 Une belle Oreille de Midas non dépouillée, & le Buccin que l'on nomme fausse Oreille de Midas.

120 Un Buccin de Cayenne, ou fausse Oreille de Midas, avec son épiderme, la même Coquille dépouillée avec une bouche singuliere, trois autres Buccins terrestres d'especes différentes, un autre que l'on nomme Œil de Bouc, une bouche d'argent épineuse, & un Casque lardé : huit Coquilles.

121 Un petit Buccin en forme d'Oreille, cinq Murex à clous de trois especes différentes, une Pourpre à tête couleur de rose, & quinze petites Porcelaines d'especes différentes.

122 Trente-quatre Coquilles d'especes différentes, dont la Fripiere, l'Eperon, &c.

123 Une Tour de Babel, un Fuseau blanc sans être dépouillé, une Gauf-

fre aussi avec son épiderme, une espece de Conque persique, une autre Conque nommée le *Prépuce*, une Musique, un Sabot, quatre Papiers roulés, un Buccin très épais, peu commun, &c. seize Coquilles.

124 Deux très grands Buccins du genre 20
de ceux qui ont la bouche à gauche.

125 Un Buccin nommé l'Asne rayé, 31
deux autres Buccins de Cayenne, tous trois d'un gros volume & deux Conques polies.

126 Deux Tonnes d'especes différen- 24 .1
tes, dont celle marbrée, elles sont d'un beau volume; deux petites Courones d'Ethiopie, une autre Conque nommée le *Prépuce*, & un Burgos dépouillé.

127 Une Couronne d'Ethiopie, deux 40 . 1
Tonnes différentes & une Tasse de Neptune : ces quatre Coquille sont d'un très grand volume & bien conservées.

128 Une autre Couronne d'Ethiopie 25
d'un très grand volume, deux autres Conques, toutes deux d'especes différentes, une des deux est polie : ces trois Coquilles sont fort belles.

129 Une autre Conque de treize pouces 31 . 17
de longueur : ce volume est prodi-

gieux, ce qui lui a fait donner le nom de Char de Neptune.

130 Une très grosse Tonne cannelée, bien conservée, & une Pourpre blanche d'un gros volume.

131 Deux mêmes Coquilles que le Numéro précédent.

132 Une Pourpre d'un grand volume, bien conservée.

133 Cinq belle Pourpres, à feuillages, dont la Brulée & deux autres d'Amérique.

134 Trois belles Pourpres à feuillages, dont deux couleur de Lilas : ces trois Coquilles sont très agréables & peu communes.

135 Dix jolies Coquilles de choix, deux Tonnes rubannées couleur de rose, de blanc & de noir, une belle Néritte, un Murex à grandes pointes, un autre à clous & à bouche couleur de rose, &c.

136 Un Cadran, six Limaçons différens, Un Buccin Fluviatil, &c. en tout quinze Coquilles.

137 Trente-trois Coquilles d'espèces différentes, dont un Buccin Fluviatil, deux Oreilles sans troux, &c.

138 Vingt-trois Coquilles, dont une belle Culotte de Suisse, plusieurs

Limaçons, une Aîlée, & un Eperon d'un gros volume.

139 Trente-huit Coquilles d'un petit volume, mais d'un joli choix, dont un petit Nautille dépouillé, une Couronne d'Ethiopie, un Prépuce, deux Cadrans, plusieurs Pourpres, &c. 12 . 2

140 Une Musique, un Foudre, plusieurs Thiares de différentes especes, & différentes autres Coquilles : en tout 23. 6

141 Quatre Conques d'especes différentes, plusieurs Casques & Buccins. 29 Coquilles. 6

142 Deux Buccins de la Méditerranée, une Pourpre, une Mere-perle & deux Oreilles de l'Inde : six grosses Coquilles. 6

143 Deux Buccins ou Conques de Triton, riches en couleur & d'un très gros volume. 26 . 1

144 Douze Buccins, dont celui à grandes pointes. 15 . 1

145 Neuf Pourpres, une espece de Fuseau, une belle Tonne, une jolie Conque de Triton bien marbrée, deux Musiques, &c. en tout vingt-deux Coquilles. 6 . 12

146 Une très belle Bécasse épineuse de la grande espece, ses pointes sont 154 . 1

très longues & bien conservées, elle a six pouces de longueur : cette Coquille est fort rare.

147 Une autre Bécasse, aussi de la grande *espece, mais différente*, peu garnie de pointes, deux autres plus petites, & une Pourpre triangulaire.

148 Une Massue d'Hercule de la très grande espece, une de la petite & trois Pourpres d'especes différentes, vives en couleur.

149 Deux Pattes de Crapauds, l'une brune & l'autre blanche, deux autres pourpres, la Chicorée brûlée & triangulaire, une Becasse de la petite espece, &c. 8 Coquilles.

150 Une Patte de Crapaud brune, sept autres Pourpres, especes différentes, *toutes de choix*, & une grande Dentale.

151 Une Tête de Becasse, huit Pourpres différentes, deux Araignées & un Mille-pattes, de riche couleur.

152 Une autre Tête de Becasse, & onze autres pourpres.

153 Des Pourpres, des Aîlées, une Massue d'Hercule de la grande espece, &c. 25 Coquilles.

154 Un Scorpion, que l'on nomme mâle, & un Mille-pieds.

155 Un autre Scorpion que l'on nomme femelle, & un Mille-pieds : ces deux Coquilles ſont très bien conſervées, & riches en couleur. 27 . 10

156 Un Teleſcope d'un grand volume riche en couleur. 8 . 9

157 Un autre plus petit très bien conſervé, & deux Vis d'eſpeces différentes. Cet article eſt intéreſſant. 14

158 Trois autres Vis d'eſpeces différentes riches en couleurs : ces trois Coquilles ſont d'un volume prodigieux, & fort rares à trouver, en même tems auſſi bien conſervées. 40

159 Une autre Vis auſſi d'un grand volume, une Chenille de la grande eſpece, deux autres plus petites d'eſpeces différentes, & la Buire que l'on a ſciée pour en faire voir la ſpirale. 10 . 1

160 Neuf Vis d'eſpeces différentes, toutes bien conſervées & vives en couleurs. 10

161 Une groſſe Vis de preſſoir ; & 12 autres plus petites, d'eſpeces différentes. 8 . 10

162 Quatre Buires d'eſpeces différentes, quatre Chenilles auſſi d'eſpeces différentes, dix Vis & deux Papiers roulés. 13 . 4

163 Des Vis ; des Chenilles différen- 7

tes, deux Bulles d'eau, un *Oscabrium*, des Oreilles, un Foudre. 32 Coquilles.

164 Un *Concho-Lépas*, cette coquille est rare ; le Bouclier & un Lépas couleur de rose. Ces trois Coquilles sont d'un petit volume, mais bien conservées & riches en couleur.

165 Un grand Lépas très applati, blanc par-dessus, jaune en-dessous, peu commun ; un autre couleur de rose bien marbré & de la couleur la plus vive : ces deux Coquilles sont précieuses.

166 Quatre Lépas : le Bouclier, deux à tête relevée orientale, un couleur de rose.

167 Cinq autres Lépas ; deux Boucliers, deux que l'on nomme Œil de Bouc, & un couleur de rose.

168 Six grands Lépas, dont celui en bâteau.

169 Six autres pareilles au n°. précédent.

170 Dix Lépas, dont celui que l'on nomme Bonnet de Dragon d'un grand volume, & d'une très belle couleur de chaire, &c. Cet article est très joli.

171 Vingt-huit Lépas d'especes différentes.

172 Treize Lépas différens, dont le Bonnet de Dragon. 5 . 1

173 Un Lépas plat, trois en cabochon, six chambrés; un autre long, verdâtre, très rare, celui en étoile, un *Oscabrium*, &c. 37 Coquilles. 40 . 1

174 Quatre *Oscabrium* de deux especes; vingt-six petits Lépas, dont quelques uns peu communs, & celui que l'on appelle Bonnet de Dragon, attaché sur un morceau de Pinne marine: en tout 31 morceaux. 4 . 1

174 *bis*. Neuf Oreilles, dont deux orientales, & deux avec des accidens, fort singuliers dans l'intérieur, trois Oreilles sans trous, & six Lépas différens. 18 . 1

175 Vingt Opercules d'especes différentes. 3

176 Un *Oscabrium*, un gros *Operculum*, deux autres ronds minces, & plusieurs autres: en tout 30. 7 . 10

177 Quinze Opercules, dont quatorze petites, une grande très mince, transparente, peu commune; un autre Objet de matiere osseuse, composé de quatre pieces liées ensemble par une espece de membrane; deux autres Morceaux aussi matieres osseuses qui paroissent se rapprocher du 24

dernier Objet, avec cependant quelques différences. Nous ne connoissons point ces derniers Objets.

178 Une Navette d'un petit volume, d'une forme différente des autres, elle est couleur de rose, cette Coquille est peu commune.

179 Treize Porcelaines, dont la véritable Arlequine, & la fausse.

180 Huit autres Porcelaines, dont l'Œuf, la Géographie & l'Argus.

181 Dix autres *Idem*.

182 Treize autres, dont l'Œuf, deux Argus, le Crapaud.

183 Neuf autres d'un gros volume, dont un Argus, l'Œuf, deux Crapauds.

184 Deux Porcelaines d'un très gros volume, dont une jaspée peu commune.

185 Six autres aussi d'un très gros volume, dont le Lievre.

186 Dix autres grosses Porcelaines, dont deux dépouillées, l'une blanche & l'autre violette.

187 Vingts quatre autres d'especes différentes.

188 Cinquante autres.

189 Quatre-vingt différentes petites Porcelaines.

190 Soixante six petites Porcelaines, dont plusieurs jolies; & deux petits Tas de Monnoyes de Guiné. 7

191 Quarante-cinq autres jolies petites Porcelaines. 4 . 1

192 Quatorze Olives dont celle décrite dans le Supplément de M. d'Argenville, Planche deuxieme, Lettre A, & qui forme à ce qu'il dit, une espece d'Ecriture Chinoise. 15 .

193 Douze autres Olives, dont deux de Panama, une à bouche doublée de rouge, & une jaune dessus: ces deux dernieres sont peu communes. 24 . 2

194 Quinze autres, dont celle de Panama, celle à bouche doublée de rouge, & deux autres d'un grand volume. 16 . 5

195 Une Olive de Panama, une autre brune, en tout vingt-une. 6 . 6

196 Une autre Olive de Panama, deux brunes: en tout vingt-six. 7 . 8

197 Vingt autres Olives, dont une d'une espece peu commune. 6

198 Vingt-trois autres. 8 . 7

199 l'Amiral, d'un grand volume, riche en couleur, bien conservé. 53 . 3

200 Un autre plus petit, à deux bandes bien distinguées, il est aussi très bien conservé. 37 . 10

201 Deux Vice-Amiraux de Rumphius, une petite Aile de Papillon vive en couleur, & un autre Cornet fond rouge, avec une bande peu marqué, que l'on nomme Amiral d'Angleterre.

202 Le même Cornet que le dernier de l'Article précédent, d'un très grand volume, & une Aile de Papillon.

203 Un autre Cornet gravé dans le Supplément de M. d'Argenville, planche premiere, Lettre Q, & qu'il appelle l'Amiral de Guinée.

204 Un grand Cornet nommé l'*Esplandium* : il est d'un grand volume, & la bouche est bien conservée.

205 Deux autres Cornets peu commun, & l'Amadis bien conservé.

206 Une Tine de Beurre, d'un volume prodigieux, & très riche en couleur, cette Coquille est superbe.

207 Une autre d'un volume moins considérable, & un autre Cornet d'un très grand volume pour son espece, nommé la Spéculation.

208 Quatre Cornets d'un gros volume; savoir, le Drap d'or de la Chine, un Drap d'or ordinaire, une Brunette, un Taffetas.

209 Six Cornets aussi d'un gros volu-

me, qui sont le Tigre, la Brunette, le Damier, l'Ecorchée, le Taffetas & un autre jaune.

210 Une Amadis, un Tigre à bandes jaunes, une Couronne Impériale : ces trois Coquilles sont bien conservées. 24

211 Le Cierge, ou l'Onix, deux Damiers, l'un noir, & l'autre jaunâtre; l'Ecorchée, & un Taffetas. 15

212 Le Cierge, le Drap d'or, deux Ecorchées, deux Tigres d'especes différentes, & un Taffetas. 16

213 Huit Cornets, dont la Couronne Impériale, une Brunette, un Tigre à bandes jaunes. 10

214 Douze autres bien conservés, dont l'Omelette. 17

215 Un Drap d'or à fond bleu, un Drap d'argent, deux Minimes, une Flamboyante, & sept autres Cornets. 15

216 Douze autres d'especes différentes. 19

217 Douze autres. 19

218 Douze autres, *idem*. 12

219 Un très beau Drap d'or, une Brunette riche en couleur, & un Cierge : ces trois Coquilles sont d'un très gros volume & bien conservées. 90

220 Neuf Coquilles, dont le Navet, 13

le Drap d'or, & celui que l'on appelle Amiral d'Angleterre.

221 Neuf autres Coquilles, dont une Aîle de Papillon, un joli Drap d'argent.

222 Deux beaux Draps d'or d'especes différentes, un Cierge jaunâtre, un Tigre, deux Cornets blancs dépouillés, une Tine de beurre, & un très beau Cornet, nommé la Spéculation.

223 Un très beau Drap d'or fond bleu, une espece de Minime aussi bleuâtre, peu commune, deux Piquures de Mouches, & trois autres Cornets d'especes différentes.

224 Un beau Cornet riche en couleur, nommé la Fausse Aîle de Papillon, un Flamboyante, une Minime, deux Aumuces, & quatre autres Cornets, dont deux sont avec leur épiderme.

225 Douze Cornets, dont deux Draps d'or, deux Brunettes.

226 Vingt-six Cornets d'especes différentes, dont une petite Aîle de Papillon.

227 Douze Cornets, dont plusieurs Draps d'or.

228 Vingt-trois Cornets différens, dont

un petit Damier, plusieurs petites Brunettes, &c.

229 La Piquure de mouche, un Tigre, & dix-huit autres Cornets différens. 7 . 4

230 Quinze jolis Cornets, dont quatre dépouillés & d'une belle couleur. 13 . 10

231 Une très belle Spéculation, une Brunette, un Tigre à bandes jaunes, un Damier, un Drap d'or fond bleu, un Spectre & une autre Coquille d'un dessein à-peu-près de même avec son épiderme : ces sept Rouleaux sont riches en couleur & d'une belle conservation. 12 . 10

232 Deux petites Minimes, un Drap d'or piqueté de la Chine, une belle Flamboyante, deux Couronnes Impériales, deux Tigres à bandes jaunes, & sept autres jolis Cornets. 7 . 7

233 Dix jolis Cornets de choix, dont quelques-uns sont peu communs, tels que l'Amadis, une très belle fausse Aîle de Papillon, deux Flamboyantes, &c. 9

234 Quinze Cornets d'un petit volume, parmi lesquels il y en a quelques-uns très jolis. 30 . 6

235 Onze Cornets, tous de choix, entr'autres une Piquure de mouche jaune, une belle Flamboyante, les 39 . 5

Nuées, & un autre Cornet canelé.

24 . 1 236 Douze autres Cornets aussi de choix & bien conservés, entr'autres deux Piquures de mouches, l'une jaune & l'autre noire, un Cornet jaune à bandes & la tête prolongée, peu commun.

13 . 4 237 Vingt-un Cornets, dont un beau Drap d'or à fond bleu, un autre piqueté de la Chine, celui à réseau, & quelques autres peu communs.

6 238 Vingt-cinq Coquilles d'especes différentes, dont la Muscade, la Musique, un Foudre, & plusieurs Cornets.

60 . 1 239 Une très belle Coquille d'un gros volume, dont la forme approche de celle que l'on appelle Couronne d'Ethiopie marbrée : mais celle-ci n'a point de Couronne, l'espece en est rare ; elle est bien conservée.

3 . 14 240 Un Casque d'un volume prodigieux, deux Buccins aîlés de la très grande espece ; l'un des deux est bien conservé & riche en couleur.

12 . 19 241 Vingt Buccins d'especes différentes, dont quelques-uns peu communs ; entr'autres la Mitre de la rare espece, la Bouche de lait, &c.

6 - 11 242 Dix-sept Buccins especes différen-

tes ; dont plusieurs du genre des Fuseaux, une Bouche de lait, &c.

243 Douze Minarets differens, tous bien conservés.

244 Un Cœur, dont l'espece est fort rare à trouver bivalve, on le nomme *Concha exotica*, celui-ci est très bien conservé, & tient encore à sa charniere.

245 La même Coquille plus grosse, une très belle Fraise à pointes rouges ; & deux autres Cœurs.

246 Une autre *Concha exotica*, une Fraise, & quatre autres Cœurs, dont un en forme d'Arche de Noé.

247 Deux très belles Cames d'un grand volume ; l'une de Saint Domingue striée, & l'autre du Canada, d'un très beau violet.

248 Huit Cames d'especes differentes, dont celle Tuilée.

249 Une Corbeille d'un très gros volume, bien conservée.

250 Un Cœur de Venus piqueté de couleur de rose, une Came striée très épaisse, une autre unie blanche ; deux autres de même espece, l'une blanche, l'autre jaune.

251 Un autre Cœur couleur de rose ;

un second blanc, & deux Cames très belles, dont la *Cedo nulli.*

252 Un Cœur de Venus d'un grand volume, dont les deux parties sont séparées & montées sur deux petits pieds de bois noirci, un second d'une forme singuliere, par les accidens qui lui sont arrivés, & un Cœur en Souflet.

253 Deux Ecritures Chinoises, d'especes différentes, une autre Came striée, peu communes, & un Cœur poli couleur de Citron.

254 Une Ecriture Chinoise, deux autres Cames différentes, un *Concha Veneris*, un Peigne blanc, nommé la Rape, & trois autre Cames.

255 Un Cœur à cannelures tuilées, recouvert d'œufs d'une espece de Pourpre, des grandes Indes : cette Coquille est de la plus grande rareté.

256 Un Cœur tuilé vif en couleur: cette Coquille est difficile à trouver bien conservée, une très belle Came, nommée *Cedo nulli.*

257 Trois Cames de St. Domingue, toutes trois de même espece, & très vives en couleurs, l'une est sttriée doublée de jaune & de rouge, les deux autres sont polies, l'une rouge

& l'autre jaune ; un Cœur blanc en forme d'Arche de Noé, & une belle Gourgandine sans être dépouillée.

258 Une Arche de Noé marbrée, une autre blanche, peu commune, deux Tellines peu communes & riches en couleurs, deux autres d'especes différentes. 5 . 4

259 Douze Cames de différentes especes. 8 . 2

260 Un *Concha Veneris* épineux, un autre poli sans épines, un Cœur blanc en forme d'Arche de Noé, un Cœur de Pigeon, un en Souflet, trois Cames coupées. 15 . 4

261 Une très belle Came coupée de S. Domingue, elle est bien conservée & à ses Appendices, ce qui est fort raare à trouver. 80

262 Deux *Concha Veneris*, l'un épineux, l'autre poli sans épines, deux Gourgandines de couleurs différentes, un Cœur en forme d'Arche de Noé, & deux vieilles ridées. 26 . 10

263 Une Came coupée en bec de Flûte, une Arche de Noé, & quatre autres Cames différentes. 10 . 10

264 Une Ecriture Chinoise d'espece rare, une Rape & une Lime, deux 12 . 2

Cames dont le travail est en zigzag, & cinq autres Cames.

29 . 19 265 Deux très belles Cames, dont une canelée d'un grand volume, l'autre de Canada, fort riche en couleur, une Pholade.

23 266 Une très belle Ecriture Chinoise, par le dessein qui se trouve sur ses bords, une Came doublée d'un beau jaune, deux autres blanches bien conservées, un petit Cœur épineux sur les bords, & une Tête d'Arrosoir fort singuliere par l'accident qui est dessus.

4 . 2 267 Seize Cœurs d'especes différentes, dont celui voluté.

4 . 6 268 Douze Coquilles, tant Cœurs que Cames.

12 269 Dix autres Cœurs d'especes différentes, riches en couleurs.

3 . 1 270 Quarante-six Coquilles, tant Cœurs que Cames.

10 . 1 271 Une Arche de Noé, deux Gourgandines de couleurs différentes, & six autres Cames riches en couleurs.

30 272 Un très joli Cœur épineux de la Méditerranée, & une Moule baillante, nommée la Lanterne.

3 . 1 273 Trente-six Coquilles différentes, toutes bivalves.

274 Un *Concha-Veneris* sans épines, nommé la Lévantine, cette Coquille est peu commune ; deux Gourgandines de couleurs différentes, deux Cœurs en forme d'Arche de Noé du Sénégal, peu communs, & sept autres cames. 6 . 1

275 Une Gourgandine, une Came arborisée, très belle, une Telline en zigzag, & huit autres Coquilles, toutes de choix. 11 . 5

276 Un espece de Cœur tuilé, peu commun, deux Moules baillantes, deux autres fermées, deux différentes Gourgandines, & deux autres Cœurs : trois Coquillles. 40 . 1

277 Deux Peignes sans oreilles, l'un noir & l'autre jaune, ces Coquilles sont peu communes ; la Rape, une Telline avec des rayons couleur de rose, chagrinée, & cinq autres Bivalves. 25 . 1

278 Deux Tellines rayonnées couleur de rose foncée, que l'on nomme Soleil Levant, & trois autres d'especes différentes, vives en couleurs. 8 . 12

279 Quatre autres, dont la Langue de Serpent d'un très beau jaune aurore & bien conservée. 10 . 15

280 Neuf autres, dont la Langue de 20 . 2

Serpent, plus petite que la précédente.

281 Douze autres, dont plusieurs sont polies, & une Came arborisée.

282 Vingt-deux autres & une Came arborisée.

282 * Deux Tellines de Cayenne, d'un très grand volume, cette Coquille est peu commune.

283 Cinquante-une Bivalves, dont une petite Solle, & deux différentes Rapes.

284 Un très beau Chou d'un grand volume, & vif en couleur, & une grande Tuilée.

285 Les deux mêmes Coquilles.

286 Un Choux d'un volume prodigieux.

287 Une Tuilée bien conservée, couleur de rose & jaune, un petit Chou vif en couleurs.

288 Les deux mêmes Coquilles aussi très bien conservées, avec une Gourgandine & une petite Came en point d'Hongrie.

289 Le Bec de Perroquet, cette Coquille qui est fort rare, est bien conservée, on ne la connoît pas dans les Cabinets de Hollande, & il y en a très peu à Paris.

290 Deux Choux d'un petit volume, très riches en couleur, une jolie Corbeille, deux Feuilles & une Huître de la Chine, que l'on appelle Cornet d'Abondance.

291 Sept Cœurs d'especes différentes, & une très petite Coquille d'une structure singuliere.

292 Deux très petits Choux, trois petites Thuilées, trois petits Cœurs, deux Arches de Noé, & trois petits Manteaux, dont un Ducal.

293 Huit petites Cases qui renferment différentes especes de *Concha Anomia*, & au milieu une très grosse Anomie, ou Térébratule, que l'on nomme Coq & Poule.

294 Quatre Peignes différens; savoir, le Benitier blanc, peu commun, deux Peignes de la Méditerranée, l'un jaune & l'autre pourpre, que l'on nomme la Bourse, le quatrieme vient des Mers du Nord.

295 Quatres Peignes: la Coraline vive en couleur, un Benitier, celui du Nord, & un petit de St. Domingue.

296 Quatre autres, pareilles aux précédentes.

297 Cinq autres Peignes, dont la Corralline, & unManteau Ducal.

298 Sept autres Peignes de choix, dont un beau Manteau Ducal.

299 Sept autres Peignes de choix, dont un Manteau Ducal, un Peigne de la Chine, & le Bénitier.

300 Un Manteau Ducal d'un grand volume, & six autres Peignes de couleurs différentes.

301 Un autre Manteau Ducal, plus petit, & huit jolis Peignes de choix.

302 Cinquante trois Peignes différens, tous bivalves.

303 Une belle Solle bien conservée, & deux Pintades d'especes différentes.

304 Une Huître polie, que l'on appelle la Cuisse, deux Feuilles & deux Moules nommées l'Oiseau.

305 Deux grandes Peintades, l'une dépouillée & l'autre avec son épiderme, une troisieme plus petite, l'Oiseau aussi dépouillé, & deux autres petites Huîtres.

306 Deux grandes Huîtres, que l'on nomme Vitres de la Chine, six Pelures d'Oignons, deux Pintades, l'Oiseau, & une petite Huître.

307 Une Selle Polonoise, riche en couleur & bien conservée.

308 Une Huître appellée *Rastellum*,

ou Griffite, elle est d'un gros volume & attachée à un Caillou.

309 Une autre Griffite, & une Crête de Coq. 50 · 11

310 Une Crête de Coq, d'un grand volume, belle en couleur ; une jolie Feuille, & une Huître de la Chine. 80 · 1

311 Deux Crêtes de Coq, grouppées l'une sur l'autre, une autre plus petite, une Huître de la Chine, & deux autres Huîtres. 21 · 1

312 Un Marteau, dont les bras ont six pouces de longueur, sa queue a une forme singuliere, par sa courbure ; il est bien conservé. 150 · 10

313 Une Coquille fort rare, nommée *Ostreum tortuosum*, ou la Bistournée, en Hollande le Devidoir. Cette Coquille est très bien conservée, & d'un grand volume pour son espece. 193 · 14

314 Un Groupe d'Huîtres épineuses des Indes Orientales, une couleur d'orange, deux autres grises, & deux Grifites attachées l'une sur l'autre ; le tout tient à un caillou. 40 · 1

315 Une autre Groupe, formé de trois Huîtres épineuses des Indes Orientales, que l'on nomme Gâteau feuilleté : cette espece est peu commune ; & une très belle Huître couleur d'o- 36 · 1

range, auſſi des Indes Orientales.

316 Deux autres jolis Gâteaux feuilletés de la même eſpece que le Groupe de l'article précédent, & une belle Huître pourpre des Indes Orientales.

317 Un Gâteau feuilleté, deux autres Huîtres épineuſes couleur de lilas, groupées toutes deux ſéparément ſur un caillou. Ces trois Huîtres ſont des Indes Orientales.

318 Deux Huîtres épineuſes des Indes Orientales, & un fort joli Groupe de deux Huîtres feuilletées de St. Domingue, une eſt jonquille & l'autre lilas.

319 Une Huître épineuſe des Indes Orientales, deux autres de S. Domingue, & deux de Malte.

320 Trois Huîtres épineuſes fort riches en épines & d'un beau choix; ſavoir, deux de Saint Domingue & une de Malte.

321 Un très joli Groupe, compoſé de cinq Huîtres feuilletées de St. Domingue, elles ſont de différentes couleurs; une autre Huître épineuſe de St. Domingue, deux de Malte, & un Maron blanc épineux.

322 Deux très belles Huîtres épineuſes, l'une de St. Domingue, & l'au-

tre de Malte, & deux Marons épineux blancs, dont un est groupé sur une Came.

323 Deux Huîtres épineuses, riches en couleurs, & dont les pointes sont bien conservées, l'une de Saint Domingue & l'autre de Malte, un Maron blanc épineux. 16 . 10

324 Trois autres Huîtres épineuses de St. Domingue; dont deux groupées sur un Madrépore; une Huître épineuse de Malte, & un Maron épineux, couleur de rose, groupé sur une Came. 30 . 12

325 Trois autres Huîtres épineuses, une de St. Domingue & deux de Malte, deux petits Gâteaux feuilletés. 6 . 16

326 Cinq autres Huîtres épineuses, deux de Saint Domingue & trois de Malte. 34

327 Cinq Huîtres épineuses de Malte, dont une d'un volume prodigieux, chargée de tubulaires; une autre plus petite garnie de gros vermisseaux; une troisieme garnie de glands de mer; une quatrieme adhérente à des Madrépores. 30

328 Cinq autres aussi de Malte, parmi lesquelles il y a deux Groupes & un Buccin chargé de tubulaires. 5

329 Quatre autres de Malte, dont deux Groupes; un des deux est adhérent sur un Madrépore.

330 Quatre autres, dont deux sont adhérentes sur des pierres.

331 Six autres, dont quatre sont adhérentes à des madrépores & à des pierres garnies de dattes.

332 Une autre Huître épineuse de Malte, garnie de tubulaires; un Groupe d'Huîtres de la Méditerranée, adhérentes à une éponge, & chargées aussi de tubulaires; un autre Groupe de deux Huîtres non épineuses.

333 Sept Huîtres de Saint Domingue, trois de Malte, & un petit Maron épineux blanc.

334 Un très beau Bouquet formé de différentes Huîtres feuilletées de St. Domingue : ces Huîtres sont groupées sur un morceau de corail oculé, & par leur couleur elles forment un coup-d'œil agréable.

335 Un petit Groupe de deux Gâteaux feuilletés de St. Domingue, placés sur un corail oculé; une Huître épineuse sur un corail de la même espece, un Maron épineux blanc aussi sur un morceau de corail; trois autres Huîtres, une blanche, une rouge

& une violette ; deux petits Buccins chargés chacun d'un madrépore.

336 Un petit Gâteau feuilleté de l'Inde vif en couleur, deux petits Buccins différens, couverts de madrépores, cinq Groupes de pelures d'oignon.

337 Une Boîte composée de différentes Coquilles groupées les unes sur les autres.

338 Un beau Groupe de glands de mer ; il est d'un très gros volume, & ses couleurs sont de la plus grande vivacité.

339 Un joli Groupe de Pousse-pieds, & deux autres de Glands de mer de différentes especes.

340 Un très gros Gland de mer qui s'attache ordinairement sur la tortue, deux autres Glands groupés sur une espece de feuille, deux petits Groupes épineux sur un Pousse-pied ; deux autres Groupes, un sur un Pousse-pied, & l'autre sur un gros Buccin ; un très petit Gland mince.

341 Une Boîte remplie de différens groupes de Glands, dont un est d'un très gros volume peu commun ; deux Huîtres épineuses des Indes non bivalves.

342 Sept Cœurs d'especes différentes.

deux Buccins, une Huître garnie de corail rouge; trois autres Morceaux, sur deux desquels sont deux Litophites longs, noirs, menus en formes de crin.

343 Une très belle Majellanne, & une autre Moule d'Alger : ces deux Moules sont polies & riches en couleurs.

344 Deux autres pareilles.

345 Cinq Moules d'especes différentes, toutes vives en couleurs.

346 Six autres Moules, dont une très belle de Marseille, & celle arborisée de Saint Domingue.

347 Deux Moules violettes, dont une peu commune, l'autre rayonnée de blanc, une troisieme brune, une quatrieme recourbée.

348 Les deux mêmes Moules violettes que celles du n°. précédent : deux autres brunes, & une bleue de la Méditerranée, polie.

349 Cinq autres Moules, dont celle arborisée de St. Domingue, les quatres autres de la Méditerranée peu communes.

350 Sept Moules d'especes différentes; dont celle des Mers du Nord, deux Dattes.

351 Trente-quatre Moules différentes.

352 Seize Coquilles différentes, dont une petite Folade avec toutes ses pieces, & deux Moules arborisées de Saint Domingue.

353 Quatre Jambons ou Pinnes marines, dont deux papiracés peu communs.

354 Six autres d'especes différentes dont un est garni de son *bissus*.

355 Deux grands Oursins, dont un plat percé de six trous : cette espece est peu commune, & il est fort rare d'y trouver les petits poils qu'il a encore.

356 Quatre, dont un garni de ses pointes.

357 Six Oursins différens, dont le Pied de Poulain, & un dont on ne connoît pas trop la nature.

358 Six Oursins, dont trois d'un gros volume, deux d'especes différentes avec leurs pointes, & un que l'on nomme le Pied de Poulain.

359 Trois plats & percés, trois Pieds de Poulains, celui que l'on nomme l'Artichaut du Cap de Bonne Espérance, & un Morceau d'Oursin sur lequel est une Astroïte : en tout douze pieces.

360 Dix-sept Oursins d'especes diffé-

rentes, dont trois avec leurs pointes.

361 Trente-deux Ourſins différens, dont pluſieurs petits, & quatre avec leurs pointes.

362 Un très gros Ourſin de la Méditerranée ſans pointes, renfermé ſous un bocal de criſtal, poſé ſur un pied de bois noirci.

363 Un autre auſſi de la Méditerranée garni de ſes pointes & monté comme le précédent.

364 Deux autres Ourſins, dont un garni de ſes pointes, & l'autre ſans pointes, tous deux renfermés ſous des verres.

365 Un Ourſin à grands bâtons de la Méditerranée; il eſt très bien conſervé & monté ſous une cloche de criſtal, & ſupporté ſur un pied de bois noirci dont le fond eſt garni d'une glace.

366 Un très grand Ourſin plat de l'Amérique, peu commun; il eſt enfermé dans une caſe de verre.

367 Le même Ourſin ſans être monté, & un autre du Cap de Bonne-Eſpérance, que l'on nomme l'Artichau; il eſt enfermé ſous verre.

368 Une très belle Tête de Méduſe,

des Mers du Nord, d'un grand volume; & d'autant mieux conservée qu'elle est enfermée avec soin sous une cloche de cristal, supportée sur un pied de bois noir dont le fond est garni d'une glace étamée.

369 Une Etoile de Mer de la grande espece, & qui a trente-sept rayons, elle est aussi très bien conservée sous une cloche de cristal, dont le pied est en cuivre & le fond garni de glace. 116 . 2

370 Trois Etoiles, dont une a douze rayons, les deux autres cinq : ces trois Pieces sont peu communes. 30

371 Une très grande Etoile à cinq rayons renfermée dans sa caze de verre; trois autres aussi à 5 rayons renfermées dans une autre caze. 10

372 Une autre Caze de verre quarrée renfermant six Etoiles, dont une à neuf rayons; les cinq autres à cinq, & sont d'especes différentes. 35 . 2

373 Une autre Caze, pareille grandeur, renfermant dix Etoiles, dont une très grande à cinq rayons, les autres varient dans leurs rayons. 39 . 2

374 Une Caze de verre arrangée & fermée avec soin, cette Caze con- 632 . 19

tient un objet de la hauteur environ de dix sept pouces, & que Madame Dubois-Jourdain avoit nommé le *Palmier Marin*, parce qu'en effet il ressemble assez à un Palmier.

Nous n'avons vu ce morceau dans aucun Cabinet ni en France ni en Hollande : nous ne connoissons même aucun Naturaliste qui l'ait fait graver. On doit le regarder comme fort rare & comme très intéressant depuis le Mémoire que M. Guettard a donné à l'Académie des Sciences le 23 Janvier 1755. Il y démontre sans replique qu'il est un rayon d'une espece d'Etoile ou de Pinceau de mer inconnu jusqu'alors, & que les pierres étoilées que l'on trouve en si grande quantité, ne sont que les types de cette espece d'Etoile ou de Méduse. On sent par conséquent combien cet objet de comparaison nouveau & unique doit être précieux pour les Naturalistes.

turalistes. Il ne nous est pas permis de nous étendre davantage sur ce beau morceau, & nous renvoyons aux Mémoires de l'Académie des Sciences de l'année 1755 où est celui de M. Guettard. On ne sait point d'où vient cette production de Mer. Elle fut apportée à la Martinique par un Officier de vaisseau qui venoit des grandes Indes, & qui ne put dire dans quelle mer cet animal avoit été péché.

375 Un joli Morceau qui paroît formé par un amas de Polypes de mer, il est posé sur un petit plat de nacre de perle.

376 Un Crabe de S. Domingue, très riche en couleur, & d'une espece peu connue ici ; il est bien conservé, & il se conservera d'autant plus long tems, que c'est la dépouille de l'animal qui en est sorti de lui-même, comme les Serpens se dépouillent au Printems. Il est renfermé dans une case de verre.

377 Une autre Caze contenant un Crabe des Moluques.

378 Quatre Crabes d'especes différentes, bien conservés & renfermés dans des Cazes de verre.

379 Trois autres différens, renfermés aussi dans des Cazes de verre.

380 Trois Cazes : dans la plus grande sont une douzaine de petits Crabes, dont plusieurs peu communs: la seconde renferme un Poisson que nous ne connoissons point, qui paroît être du genre des Rayes ; la troisieme contient des Œufs de Poissons. Plus, un Bocal renfermant une Raye, à qui on a donné une forme singuliere.

381 Différens Poissons & Animaux amphibies, qui seront détaillés lors de la Vente.

382 Six petites Etoiles différentes, trois Polypes que l'on nomme le Pinceau, & une espece de Corail de la Méditerranée, tout rempli d'Etoiles ou Têtes de Meduse, renfermé dans une Caze de verre, plus un Poisson desséché, nommé le Perroquet de Mer.

383 Quatre Eponges différentes, dont la plus grande est sur un pied de bois noirci.

384 Treize Litophytes d'especes diffé-

rentes, dont quelques-uns sont sur des pieds noirs, & d'autres sur des objets Marins qui leur servent de pied.

385 Un Carton rempli de différens objets de Mer.

386 Un autre rempli de différens Madrepores.

387 Des Œillets de Mer, Cerveaux Marins, en tout dix morceaux.

388 Une Manchette de Neptune, d'un grand volume & bien conservée, deux autres Madrepores de la Méditerranée.

389 Deux Madrepores de nos Mers, tous deux bien conservés.

390 Six Madrepores d'especes différentes, & un Litophyte encrouté de jaune.

391 Une très belle Manchette de Neptune, adhérante à une autre Retipore, trois autres Madrepores montés sur de petits pieds noirs.

392 Six Madrépores d'especes différentes.

393 Quatre Œillets d'especes différentes, & un Champignon de Mer.

394 Un Carton rempli de différentes productions de Mer.

1395 Un très gros Champignon de Mer, & un Grouppe de Tubipores.

1396 Quatre Madrepores d'especes différentes, dont deux sur des pieds noirs.

1397 Deux autres Tubipores d'especes différentes ; une branche de Madrepore, montée sur un petit pied noir, & sur laquelle est grouppée une petite Huître épineuse jaune.

1398 Un très beau Groupe d'Œillet, & une jolie Limasse de Mer.

1399 Quatre Madrepores, d'especes différentes.

1400 Dix petits Madrepores d'especes différentes, portés sur des pieds de bois noirci.

1401 Six autres de choix, d'especes différentes, montés aussi sur des pieds.

1402 Quatre autres petits, aussi d'especes différentes, & beaux en couleurs.

1403 Quatre autres ; sur l'un desquels sont attachées des Huîtres épineuses de St. Domingue.

1404 Un autre sur lequel sont attachées six Huîtres de quatre especes différentes : ce morceau est très agréable.

1405 Quatre autres Madrepores, plus grands, d'especes différentes, montés sur des pieds noirs.

406 Deux autres très jolis, bien conservés, sur des pieds noirs.

407 Deux autres aussi fort jolis.

408 Trois autres petits pieds noirs, sur l'un desquels est une Eponge blanche, attachée à un Madrepore, un Litophyte ou Corail noir, & un Madrepore blanc.

409 Un très gros Groupe de Madrepore, en forme de bois de Cerf: ce morceau est considérable, & bien conservé : il est monté sur un pied noir.

410 Un fort Groupe, de différens morceaux réunis, de la même espece que celui du N°. précédent; & un Madrepore d'une autre espece, de l'Isle de Bourbon : il est un peu fruste.

411 Un autre très beau morceau de Madrepore, en forme de feuilles de St. Domingue : il est d'un gros volume, bien conservé.

412 Un très beau Madrepore en forme d'Eventail, que quelques-uns appellent Epi de bled, il est d'un grand volume, bien conservé & monté sur un pied noir.

413 Un groupe de différens Madrepores; ce morceau est d'un volume prodigieux : il est bien conservé, ce

qui est fort rare à cause du transport. C'est de ce morceau dont M. d'Argenville parle, en annonçant le Cabinet de Madame Dubois-Jourdain.

414 Un autre de même nature, d'un volume moins considérable, & qui est très bien conservé.

415 Un Madrepore blanc de St. Domingue, sur lequel est attaché un Cœur en forme d'Arche de Noé, enveloppé dans la même matiere que celle du Madrepore.

416 Onze morceaux, dont cinq Manchettes de Neptune différentes : cinq petits Madrepores sur leurs pieds noirs.

417 Six morceaux différens, dont trois Madrepores, un Groupe de différentes Huîtres & Tubulaires, &c.

418 Un Madrepore en forme de bois de Cerf, d'une forme agréable, & dont les petites épines sont bien conservées, il est monté sur un pied de bois noirci.

419 Un autre très singulier : il paroît dans son origine avoir été de la même espece que celui du Numéro précédent ; mais il a été recouvert dans son entier, par la matiere d'une autre

espece de Madrepore; outre cela, il porte un morceau d'éponge rompue, que les Animaux ont aussi renfermé dans leur travail : ce morceau est bien conservé, & monté sur un pied de bois noir.

420 Une autre espece de Madrepore, d'un travail plus fin que celui que l'on appelle bois de Cerf; il forme un joli Buisson : il est bien conservé, & monté sur un pied de bois noirci.

421 Un autre plus petit, de même espece, & très bien conservé : il est sur un pied noir.

422 Trois Morceaux montés sur leurs pieds de bois noir; savoir, un pareil aux deux du Numéro précédent, & deux Litophytes recouverts d'une croute rouge, un des deux est très joli.

423 Deux autres Madrepores, un en buisson, que l'on nomme Epi de bled, & l'autre en forme d'éventail, une Huître feuilletée de St. Domingue est renfermée sur le pied de ce Madrepore, dans la matiere qui le compose.

424 Un autre Madrepore très agréable, de la même nature que le dernier du Numéro précédent : il est d'une belle forme & bien conservé.

425 Un autre de même nature & d'une forme très agréable, il est monté sur un pied de bois.

426 Un Madrepore blanc, en forme de buisson, d'un travail très fin, ce morceau est d'un gros volume pour son espece & il est très bien conservé, ce qui est fort rare à trouver.

427 Un autre de même nature que celui du Numéro précédent, de même forme, cependant un peu plus fort : ces deux morceaux sont très agréables.

428 Deux autres, un petit de même nature que les deux précédens, & l'autre de forme ronde, que l'on nomme Cerveau Marin.

428 * Plusieurs belles Panaches, Litophytes & Eponges qui seront détaillés à la Vente.

Coraux.

429 Un superbe morceau de Corail oculé jaune, de la Méditerranée, très grand, bien conservé : la plûpart de ses branches sont couvertes d'Huîtres & de Glands de Mer, vifs en couleurs : il est monté sur un pied noirci.

430 Deux autres morceaux aussi montés

ſur leur pied noirci, l'un de même nature que celui du Numéro précédent, le ſecond eſt un Corail oculé blanc de la Méditerranée.

431 Un autre Corail oculé blanc de S. Domingue : ce morceau eſt d'une belle forme & d'un grand volume.

432 Une branche aſſez forte, de Corail articulé blanc & noir ; on ſait que cette eſpece eſt fort rare.

433 Une autre de même nature que la précédente ; & une branche articulée rouge : on ſait auſſi que cette eſpece eſt fort rare.

434 Une branche de Corail rouge : ce morceau eſt en forme d'éventail, d'un volume très conſidérable : il porte ſon épiderme, on y remarque les petits trous où étoient logés les Animaux ; on peut le regarder comme une piece de diſtinction.

435 Un Rocher chargé de ſept branches de Corail rouge : elles ſont dépouillées de leur épiderme.

436 Pluſieurs morceaux de Corail rouge & blanc, appliqués ſur une Roche.

437 Un morceau de Corail d'un grand volume en forme d'éventail : il eſt poli & monté ſur un pied noirci : ce morceau mérite conſidération, parce

que sur un des côtés, il y a plusieurs branches qui ont été cassées, & que les animaux ont recollées, par la liqueur qu'ils ont répandue.

438 Une très belle branche de Corail rouge poli, montée sur un pied noirci : ce morceau est aussi d'un grand volume.

439 Une autre d'un volume moins considérable.

440 Un autre, *Idem.*

441 Deux autres, un d'un beau rouge, & un d'un rouge plus pâle, adhérant à son Rocher.

442 Deux autres, *idem.*

443 Deux autres sur des pieds noircis, l'un rouge & l'autre couleur de chair pâle.

444 Quatre autres, deux rouges dépouillés, un sans être dépouillé & le quatrieme est blanc.

445 Quatre morceaux singuliers; savoir une Atene de Langoute recouverte en partie de la matiere du Corail rouge; un morceau de Coquille chargé d'un gland, recouvert aussi de la matiere du Corail; un Caillou tout chargé de petites branches de Corail, & un petit Flacon qui renferme dans de l'esprit-de-vin quelques bran-

ches de Corail où l'on remarque à la loupe les Animaux qui les ont produites.

446 Deux branches de Corail rouge attachées sur deux Coquilles différentes ; une branche de Corail oculée jaune, sur laquelle sont attachées trois Poulettes ; un petit pied sur lequel est posé la baze, en forme de racine, d'un Corail articulé blanc de la Méditerranée, & quatre morceaux de Litophyte noir, que l'on appelle Corail noir.

447 Une Branche de Corail oculé de la Méditerranée, où tient une Poulette ; différens petits Madrepores, en tout cinq pieces.

Animaux.

448 Un Coati conservé avec ses chairs & ses os, suivant la méthode de M. Hérissant, de l'Académie Royale des Sciences ; il est renfermé dans une Caze de verre montée en bois : elle porte deux pieds de long, quatorze pouces & demie de hauteur, & autant de profondeur.

449 Un Ecureuil, un Cochon d'Inde, deux Perroquets de Mer, & un morceau de vertebre de Baleine.

450 Une grande Boîte de bois, fermée par-devant de Verre, elle a ſept pieds de long, onze pouces de hauteur & dix pouces de profondeur, & renferme dix-neuf Oiſeaux qui ſont une Perdrix, un Sanſonnet, une Méſange, une Grive, un Pinſon d'Ardenne, un Tartaveau, une Alouëte, une Pie-Grieche, un Chardonneret, une Chouette qui tient un Serin ſous ſes pattes, un Bouvreuil, un Pic-vert, une Méſange à tête bleue, une Pie, un Pivoine mâle, un Geai, un Serin & une Tourterelle : tous ces Oiſeaux ſont bien conſervés, & ſeront vendus enſemble, afin d'éviter d'ouvrir la boîte, & d'empêcher par-là, que les Scarabés deſtructeurs ne s'y mettent.

451 Une autre Boîte de même longueur & profondeur, ſur vingt pouces trois lignes de hauteur, renfermant un Hibou, une Caille, un Coq, une Poule avec quatre petits Poulets, un Râle d'eau, un Faiſan, un Becaſſeau, un Corbeau, une Poule d'eau, un Canard, une Macreuſe & un Grêbe.

452 Une Cage de Verre, renfermant ſept differens Oiſeaux perchés ſur un Arbre, & une Méſange, une

autre huppée, La Pupu & une forte Grive.

453 Un beau Paon bien conservé en chair & en os.

454 Un Perroquet gris, & plusieurs autres Oiseaux.

455 Une Caze de bois garnie de verre, très bien fermée, renfermant trois Grimpreaux de Cayenne, tous trois d'especes différentes; & huit Papillons aussi d'especes différentes, dont trois étrangers : ces animaux sont arrangés artistement & conservés.

456 Un Bocal qui renferme deux Grimpreaux de Cayenne, un petit Colibri & un petit Perroquet de Terre : au haut de la branche, est un Nid de Colibri; deux autres Bocaux, dans l'un desquels est aussi un Colibri sur son nid, & dans l'autre, encore un Colibri, perché sur des fleurs.

457 Trois autres Bocaux, dans l'un desquels est un Oiseau, que l'on nomme jeune Cormorand de l'Isle des Açores, dans l'autre la portion du Squelette d'un Animal, & dans le troisieme, un Œuf cassé, qui contient un petit Cayman.

458 Une grosse Tête humaine conservée dans l'esprit de vin.

459 Une Tête d'enfant monstrueuse ; elle a deux bouches & trois yeux, conservée aussi dans de l'esprit de vin.

460 Un Squelette d'enfant monstrueux; les deux têtes n'en font qu'une, & les deux corps sont réunis par la poitrine : ce Squelette est très bien conservé & enfermé avec soin sous un grand bocal.

461 Un Enfant nouveau né conservé dans l'esprit de vin, & un Squelette aussi d'enfant.

462 Le Squelette d'un Fœtus très jeune enfermé sous un bocal, & deux autres bocaux renfermant des parties humaines qui ont rapport à la circulation du sang ; l'un des deux est un cœur injecté.

463 Un autre petit Squelette d'enfant monstrueux renfermé dans une case de verre ; trois autres cases contenant différens morceaux de Momies, plus une main desséchée.

464 Une Case de verre renfermant une main de Momie ; & une autre plus petite Case contenant différens morceaux de Momies.

465 Deux autres idem, la plus petite Case renferme aussi des linges qui nt servi à enfermer la Momie.

466 Un Cilindre de verre monté en cuivre dans lequel eſt renfermé un Objet qui paroît être une Mandragore ; elle a la figure humaine, & ce morceau paroît être très curieux ; un petit bocal renfermant les cheveux d'un Negre blanc.

467 Une grande Caſe de verre, quatrée, qui contient la tête monſtrueuſe d'un Animal qui paroît être un Faon : ce ſont deux têtes réunies enſemble.

468 Un Bocal renfermant dans l'eſprit de vin un petit Chat qui a huit pattes & deux queues ; un autre Bocal auſſi rempli d'eſprit de vin, dans lequel eſt un Chat à une tête & deux muſeaux.

469 Un Oiſeau monſtrueux qui a quatre pattes & quatre aîles, conſervé dans de l'eſprit de vin ; un autre avec deux becs & trois yeux, conſervé auſſi dans l'eſprit de vin ; un Lapin dont la queue forme une patte à ſept griffes. Le Squelette d'un Oiſeau, celui d'un Chat qui tient à ſa gueule le ſquelette d'un Rat, renfermé dans une caſe de verre ; deux autres caſes de verre, qui contiennent des objets que l'on croit être des parties animales.

470 Trois Bocaux remplis d'esprit de vin, renfermant un Caméleon, le Serpent à lunette, ou Porte-mort, & une Vipere.

471 Quatre autres Bocaux; deux renfermant des Lésards différens; le troisieme deux gros Crapauds des Indes, sous la forme de Tétard.

472 Six autres Bocaux remplis d'esprit de vin, dans l'un sont des Pholades; dans le second un Poisson nommé Pilote; dans le troisieme des Chrysalides; dans le quatrieme une Racine de Mandragore, & dans les deux autres petits des objets que nous ne connoissons pas.

473 Cinq autres Bocaux, qui contiennent un Mille-pied de S. Domingue, des Vers Palmistes, une Chenille couleur de rose, une autre blanche épineuse; le cinquieme renferme une Chenille à tige.

474 Trois autres Bocaux qui renferment différentes especes de Polypes.

475 Trois Tubes de verre fermés hermétiquement, qui renferment trois différens Serpens.

476 Vingt Cases de bois garnies de verre dessus & dessous, qui renferment différens Insectes & Papillons

de France ; entr'autres ſe trouve le Papillon Tête de mort. Tous ces Inſectes & ceux que nous allons annoncer ſont bien conſervés.

477 Cinq Caſes de bois auſſi garnies de verre ; une très grande renfermant quatre Lézards, dont celui aîlé qui eſt fort rare, une Mante & deux Araignées, dont celle qui porte le nom d'Araignée Crap ; elle eſt fort rare, & celle-ci eſt bien conſervée. Dans une autre Caſe moins grande ſont renfermées cinq Grenouilles différentes ; dans une autre cinq Scorpions ; dans une autre, trois Mille-pieds, dont le grand s'appelle la Mal-faiſante, & dans la cinquieme un petit Lézard.

478 Six autres Caſes ; dans l'une eſt renfermé un très gros Ver à mille-pieds ; dans une autre, ſix Bupreſtes & un grand Serambrix ; dans la troiſieme environ vingt Inſectes différens, dont quelques-uns ſont étrangers ; dans la quatrieme ſont encore des Inſectes ; la cinquieme renferme pluſieurs petits Inſectes preſque tous du Pays ; & la ſixieme contient quatre Scarabés, dont deux dans l'état de Chryſalide.

479 Quatre Cases, dont deux grandes; dans la premiere sont renfermés quinze Scarabés différens, dont la plûpart sont étrangers. On prévient qu'il y a en un, dont la tête ne lui appartient pas; la seconde Case renferme trois Sauterelles & trois Serambrix; la troisieme, un très grand Papillon Phalêne étranger; la quatrieme, un très grand Papillon à queue peu commun, & un autre avec des yeux rouges, d'Italie.

480 Neuf autres Cases, dont sept renferment des Papillons étrangers, ils sont tous bien conservés, & la plupart peu communs; la huitieme renferme le Porte-lanterne, & la neuvieme différentes Chrysalides.

481 Deux Bocaux qui renferment, l'un un Citron, l'autre une Orange que l'on a fait croître dans le bocal, & que l'on a conservée ensuite dans de l'esprit de vin.

Mine d'or.

482 Un des plus beaux Morceaux de Mines d'or du Pérou par sa grosseur & par sa richesse.

483 Un morceau de Mine d'or, dont la base quartzeuse & rougeâtre se

cristallise; un Minéral d'or natif dans un Spath gris noir; & un troisieme morceau de Mine d'or de Mexico * en Quartz & Hornstein.

484 De la Platine ou Or blanc du Pérou, & deux Morceaux de Mines d'or.

485 Quatre différens Morceaux de Mines d'or, dont un de Tasco, & deux petits flacons de cristal renfermant de la poudre d'or.

Mines d'argent.

486 Un riche Morceau de Mine d'argent natif en végétation.

487 Un autre de même nature.

488 Un autre Morceau riche & agréable; on y voit des feuilles d'argent en végétation, élevées & détachées de la mine, ce qui rend ce morceau curieux.

489 Un Morceau de Mine d'argent vierge dans un Spath blanchâtre.

490 Un autre d'argent noir dans du spath, & une belle Mine d'argent végété.

491 Un riche Morceau de Mine d'ar-

* On a suivi exactement les étiquettes, & on a eu grand soin de les conserver sous chaque morceau où ils étoient placés.

gent vierge en filet du Pérou & un autre dans du ſpath.

492 Un joli Morceau de Mine d'argent en végétation, tenant à du quartz; une autre végétation dans du ſpath vitreux, & un troiſieme Morceau de Mine en cheveux.

493 Une Végetation qui forme une eſpece d'arbre, & qui tient à du ſpath, & cinq autres morceaux dont un d'argent maſſif des Iſles, & que l'on croit tel qu'il a été trouvé.

494 Sept petits morceaux de Mines d'Argent de différens Pays : il s'en trouve un très joli de Hongrie.

495 Un morceau de Mine d'Argent vierge, fort riche.

496 Autre d'Argent pur, en filamens dans un Quartz, & un ſecond avec de la Topaſe, on y voit de l'Argent ſur la Topaſe, outre ce qu'en contient la baſe.

497 Deux morceaux de Mines d'Argent de conſidération, travaillés dans les Mines du Pérou.

498 De l'Argent natif en arbriſſeau, dans une Matrice de Criſtal jaune, ou d'une matiere Quartzeuſe, dont la couleur tient à la Topaſe & à l'Hyacinthe : ce morceau eſt très curieux.

499 Un morceau de Mine d'Argent du Canada, un d'argent & de Plomb, avec un Cristal vert du Pérou, & cinq autres d'Argent gris, dont un du Japon.

500 Deux jolis petits morceaux de Mines d'Argent rouge, dont un du Potosi, un de Marcassite, & Argent du Tirol, que l'on croit rare, & un quatrieme morceau dans lequel il y a de l'Argent en végétation, de l'Argent rouge & de l'Argent gris.

501 Un beau morceau de Mine d'Argent rouge du Potosi; un autre très riche avec des Cristaux; deux de Ste. Marie, & un cinquieme morceau de même nature que le dernier de l'Article précédent.

502 Un superbe morceau d'argent rouge en Canon.

503 Un Morceau de Mine d'argent arsénical cristallisé, de Siessa Morena en Espagne près Guadalcanal; un d'argent rouge dans le spath, un troisieme d'argent massif de Kongsberg en Norvege, & deux autres Morceaux aussi d'argent rouge.

504 Un gros Morceau de Mine d'argent en filamens.

505 Sept différens Morceaux de Mines

d'argent ; deux sont rouges, dont une du Pérou.

506 Quatre Morceaux de Mines ; un d'argent gris dans du quartz, un dans du phasse du Pérou, de l'argent gris minéralisé par du soufre avec du spath & du quartz ; le quatrieme, d'argent & plomb de Ste. Marie.

507 Un fort Morceau de Mine d'argent de la Dorothée à Clausthal, & une très petite d'argent rouge avec hyacinthe.

508 & 509 Autre Morceau de la Dorothée, & deux de la Coraline à Clausthal.

510 Un très grand Morceau de Mine d'argent & de plomb avec du cristal, trouvé dans une cavité formé par l'eau à Hactz. Ce Morceau est singulier, & se distingue dans un Cabinet.

511 Un agréable Morceau de Mine de cuivre & argent d'un beau bleu, tiré de Bulach, au Duché de Wirtemberg, un d'argent d'Espagne, & trois autres dont un dans du spath des Pirenées.

512 Un beau Morceau pareil au premier du n°. précédent ; un autre de cuivre, plomb & or du Couserans, &c. en tout sept.

513 Quatre autres, dont un d'un beau bleu, tiré de Bulach.

514. Une Mine d'argent dans un morceau de malaquite & d'azur, cuivre, plomb & argent de Hartz, & un troiſieme Morceau de cuivre & d'argent d'un beau bleu, de Bulach.

515 Cinq différens Morceaux de Mines de Bulach & de Hartz.

516 Un très beau & agréable Morceau de Mine du Pérou, riche en argent. Quoiqu'elle ſoit chargée de pyrites blanches arſenicales, elle a dans ſon milieu une couche de criſtaux.

517 Un beau & fort Morceau de Mine de cuivre en Malaquite, de la Ville de Moulina-Arragon en Caſtille, & qui tient ſoixante-quatre livres de cuivre par quintal.

518 Un petit Morceau de la même Mine, mais qui tient quatre-vingt-ſix livres par quintal; un Bleu de Mine de cuivre de Ruſſie; un Morceau de Mine de cuivre natif en végétation, & cinq autres.

519 Huit autres, dont un d'un beau bleu.

520 Huit Morceaux de Mines de cuivre, dont un de Baſſe-Navarre avec la pyrite; un dans du quartz blanc

avec de petits cristaux en *Lapis Lazuli*, & un Morceau de malaquite.

521 Deux petits Morceaux, dont un de marcassite de cuivre de la Chine, un de cuivre velouté, un de cuivre bleu de Russie, deux de Basse-Navarre, l'une à gorge de pigeons, & l'autre violette, & un morceau de malaquite : en tout sept.

522 Un petit Bocal contenant de la Mine soyeuse de la Chine, deux petits Morceaux de Mines du Japon, & huit autres Morceaux de belles Mines de cuivre, dont deux soyeuses du Palatinat.

523 Un gros Morceau de Mine de cuivre, plein d'arsenic & un peu d'argent de Molina : la variété de ses belles couleurs le rend agréable & très estimable. Deux différens Morceaux de la Chine, un de Russie, un violet de Basse-Navarre & un de Moulina.

524 Treize Morceaux de Mines de cuivre, dont un pareil au premier du précédent article, mais plus petit ; un de Mexico mêlé de plomb sur une base de spath.

525 Un joli Morceau de Mine de cuivre soyeuse du Hartz, une belle

Mine

Mine ſoyeuſe verte & bleue avec du criſtal de roche, & onze autres des Pyrenées, Nordbergg, Folhand, Saint-Domingue, &c.

526 Huit Morceaux de Mines de cuivre : il ſe trouve dans ce nombre un Minéral gris pur, des Mines de Clauſthal : ce Morceau eſt criſtalliſé, & on le dit rare.

527 Douze autres de la Weſtmanie, Nolfed & autres endroits.

528 Un beau Morceau de Mine de cuivre de Ruſſie ; un ſecond dans une matrice quartzeuſe ou de petits criſtaux en aiguilles ; un troiſieme en verd de gris ſoyeuſe, & cinq autres.

529 Une Pierre calaminaire minérale, & trente-ſix différens Morceaux de Mine de cuivre.

530 Cuivre en verdet & *Lapis Lazuli* dans un quartz verdâtre; Pierre d'Arménie azur blanchâtre : en tout dix-ſept Morceaux de Mines de *Lapis*.

531 Un beau Morceau de Mine de Ruſſie, & un de couleur jaune doré un peu changeant, mêlé de matiere métallique, criſtalliſé en pointes à facettes.

532 Treize différens Morceaux piri-

teux, dont une belle masse de Pyrites toutes en cristaux, qui paroît recouvrir une espece de caillou gris.

533 Des Pyrites avec du spath fusible, un Quartz bleuâtre avec de la pyrite, & différens autres Morceaux; en tout huit.

534 Trois Morceaux de Pyrite dans du spath blanc.

Mines de Fer.

535 Quatre Morceaux de Mines de fer agréables, dont un cristalisé en crête de Cocq; il vient de la Navarre.

536 Un pareil Morceau de Mine de Navarre; un de Fer tenant or & argent, & où il y a de la prime de Topaze dans un Quartz ferrugineux du Val Samarin en Alsace; un autre, dont l'intérieur est à mamelon chatoyant; un Hæmatite de Langron, & un Morceau de Mine de Pontoise dans lequel on prétend qu'il y a de l'or.

537 Cinq Morceaux de Mines de Fer, dont trois de Basse-Navarre: il s'en trouve un joli avec de petits canons de cristal.

538 Un magnifique Morceau de Mine de Fer blanc de Basse-Navarre, & dix

de Bisberg, Nordberg, Westmanie.

539 Un Morceau de Mine soyeuse; un incrusté de cristaux de roche, & quatre autres Mines de Fer. 9 . 10

540 Dix-neuf autres de Vikgrufra, Nordberg, Vitisgrufra, Sahlberg: Bisberg, quelques-uns sont mêlés de cuivre. 8 . 6

541 Vingt-quatre jolis petits Morceaux de Mines de Fer, dont un cristallisé, un cristallisé chatoyant, &c. 16 . 1

542 Une Boîte contenant différens Morceaux de Mines de Fer de la Martinique, d'Angleterre & autres Pays. 7 . 19

543 Différens autres Morceaux de Mines de Fer & terres ferrugineuses. 8 3

544 Dix-huit autres, dont une de la Mine du Charbonnier. 1 . 10

545 Un *Flos Ferri*, tiré des Mines de la Styrie. Ce Morceau est estimé être de la plus grande distinction par rapport à sa richesse, & encore plus pour son volume qui est de quatorze pouces & demi de haut, douze & demi de large & six pouces & demi d'épaisseur. 441

546 Un *Flos Ferri* grisâtre de huit pouces de haut, sur neuf de large. 30 . 12

547 Un autre *Flos Ferri* plus petit, & un Spath filamenteux, cristal en sta- 18 . 1

lactite de *Flos Ferri*, tiré d'une Mine d'argent d'Allemagne.

548 Des Pyrites des Pyrennées, de Nordberg, &c. en quatorze pieces; plus, une Moule minéralisé en pyrite Martiale, & un Fragment de Géode.

549 Un Morceau de Pyrite des Indes, un de Falun, & huit autres.

550 Neuf Pyrites & Marcassites: plusieurs de ces Morceaux sont curieux.

551 Des Pyrites & Marcassites de la Westmanie, d'Hongrie & autres endroits; une Pierre des Incas. En tout trente-six petits morceaux.

Mines de Plomb.

552 Dix Morceaux, dont huit contiennent de l'argent; il s'en trouve une de Suede.

553 Deux autres de Mines vertes; il s'en trouve une crystallisée en tuyaux de la Forêt noire; une de Plomb blanc aussi crystallisée de Sellerfeld, & deux autres.

554 Cinq Morceaux des Mines de Sellerfeld, Hartz & Poulaven.

555 De la Mine de Plomb dans du Spath, d'autres avec de la Pyrite & du Spath fusible de Franconie, Claussental, Hartz, &c. Quatorze morceaux.

556 Douze différens Morceaux de Mines de Plomb, dont une crystallisée de la Chine. 8 . 11

557 Une Mine de Plomb, avec de la Pyrite & du Spath fusible; & onze autres différens Morceaux. 4 . 5

558 Quatorze Morceaux de Mines de Plomb des Illinois à la Louisiane, du Sénégal, du Tirol, de Sellerfeld, &c. 3 . 18

559 Cinq forts Morceaux, dont une de Géromany tenant beaucoup d'argent, sur une lame de quartz crystallisée. 17

560 Onze autres aussi de Plomb, tant gros que petits. 12 . 14

Galenes & Bismuth.

561 Dix Morceaux de Galenes des Mines de Sahlberg, de Lofason, Dalecarlie, Ostessilsberg: deux Morceaux de Bismuth, dont un minéralisé par le soufre, & un Morceau de Tuthie minerale naturelle, trouvée aux voutes des Mines de Goesland. 10

Mines d'Etaim.

562 Vingt-un Morceaux de Mines d'Etaim, dont plusieurs avec des crystaux. 35 . 19

Mercure, Cinabre & Vif-Argent.

563 Quatorze Morceaux de Mines de Mercure de Valence, Toſcane, Deux-Ponts & Montpellier : il s'en trouve une qui contient de l'argent.

564 Différentes Mines de Cinabre, & pluſieurs Préparations de Vif-Argent : en tout quinze objets.

565 Six Morceaux de Mines de Cinabre, dont un d'Almaden en Eſpagne.

566 Pluſieurs Echantillons de Cinabre, dont un de la Chine en dix pieces.

Cobalt & Zinc.

567 Sept Morceaux de Cobalt des Pyrenées, de Riddarhytau, de Baſtruées & autres endroits ; ſept Flacons contenant les quatre feux ou nuances de couleurs bleues tirées du minéral de Cobalt par les grandes opérations d'une Fabrique en Saxe : le Régule tiré du bleu d'émail, de l'encre rouge & de l'encre jaune.

568 Quatorze Mines de Zinc, dont trois blanches de Rettwik, une avec Criſtaux vermiculaires, & Pyrites cubiques arſenicales : plus, un morceau de Blende rouge des Mines d'argent dans la Province de Dalécarlie.

569 Des Soufres de la Guadeloupe, de Samiara, de Russie, de Siberie, de Quito au Pérou, de l'Isle de Bongo, & d'autres endroits.

570 Une Boîte, contenant plusieurs morceaux d'Antimoine, d'Arsenic, de l'Orpin, &c.

571 Deux morceaux de Réalgar minéral natif, tel qu'il vient de la Chine: une Croix, un Chapelet & un petit Coffre de Sel, de la Montagne de Cardona en Catalogne; du Sel rouge de Valence en Espagne, & autres morceaux.

Amianthe.

572 Amianthe dans un Spathe appellé communément Cristal d'Islande: une Concretion pierreuse de Montmoror; une petite Masse cristallisée, & une ordinaire; de l'Alun de Plume, de l'Amianthe vert, & autre du Bresil, &c.

Cristaux, Cristallisations & Spath.

573 Une magnifique Masse de Cristal, où se trouve des Pyrites: elle porte un pied de haut, & sa base a autant de large.

574 Une autre de Cristal rempli de

Spath calcaire du Hartz : elle porte dix pouces de haut.

575 Autre beau Morceau couvert par endroit de Spath calcaire : il vient aussi du Hartz.

576 Une Masse de Cristal en Rocher, recouverte en partie de Spath fusible, dont la base est formée de Spath calcaire, remplie de Mine de plomb.

577 Autre Masse avec des Pyrites & du Spath calcaire.

578 Une belle & grande Masse de Cristal de Roche, remplie de Pyrites & de Mine de Plomb.

579 Une autre presque entierement couverte de Pyrites & de Spath calcaire, avec un peu de Mine de Cuivre.

580 Un fort Morceau, ou Bloc de Cristal de Roche de Madagascar.

581 Autres à petits Canons colorés en jaune par le fer.

582 Une belle piece de Cristal, couverte de Spath fusible & calcaire, & du quartz.

583 Un Spath calcaire, sur une Masse de Pierre vitrescible du Hartz : ce morceau est des plus agréables.

584 Un très beau morceau de Pierre calcaire cristallisée.

585 Une belle Masse de Spath calcaire, dont la base est une Pierre fusible.

586 Une autre belle Masse de Spath calcaire.

587 Deux Spaths cubiques fort pesants, jaune tous deux, l'un plus que l'autre.

588 Deux Spaths cubiques ; l'un verdâtre avec du quartz, & l'autre bleuâtre dans un semblable Spath, irrégulier.

589 Une belle & forte Masse de Cristal, couverte de Pyrites, du Hartz.

590 Un Morceau de Cristal.

591 Autre de Hanovre couvert de Spath fusible.

592 Un Cristal de Roche, rempli de Pyrites & d'un peu de Spath fusible, & un autre avec des Pyrites.

593 Un beau & singulier Cristal de Roche, rempli de Spath fusible, coloré par un peu de Mine de Plomb, de Hartz.

594 Une belle Piece de Cristal coloré, formé dans l'intérieur d'une Pierre couleur d'Améthiste, & dans quelques parties jaunatre.

595 Trois autres Morceaux différens, aussi cristallisés dans l'intérieur.

596 Un Grouppe de petits Cristaux, couverts de Pyrites à facettes ; porté sur une baze de quartz brun, & deux

Morceaux de Cailloux cristallisés intérieurement.

597 Un Morceau de Cristal de Roche de Lorraine, à petits canons & fines éguilles, remplis de Pyrites, & une Pierre calcaire couverte de Cristal, & remplie de Spath calcaire.

598 Deux Cristaux de Roche, l'un blanc recouvert de Spath fusible, & l'autre rempli de Spath calcaire & fusible.

599 Deux autres Morceaux, *Idem.*

600 Un beau Cristal couleur d'Améthyste, sur du Spath.

601 Un autre Morceau plus considérable aussi couleur d'Améthyste.

602 Un joli Cristal de Roche rempli de Pyrites, sur une Masse de Pierre, & trois Morceaux, dont un sur du Quartz, tenant un peu d'Argent.

603 Quatre autres Morceaux différens.

604 Cristal de Roche rempli de Pyrites, un Spath fusible couvert de Cristal & de Mine de Plomb du Hartz, un Cristal de Roche, rempli de Pyrites & de Spath calcaire : ces trois Morceaux ont des variétés qui font plaisir.

605 Une belle Masse de Cristal, couverte de Spath fusible & de Pyrites.

606 Un Spath chargé de Pyrites, ce beau Morceau est singulier.

607 Criſtal de différentes couleurs, formé dans l'intérieur d'une Pierre, dont le Pourtour en a été ſéparé.

608 Des Criſtaux jaunes & couleur d'Améthyſte, qui forment un Groupe agréable dans l'intérieur d'une Pierre, & des Criſtaux bruns dans une autre.

609 Deux, *Idem.*

610 Un Spath calcaire chargé de Pyrites, ce Morceau eſt très joli.

611 Deux Spaths, dont un Calcaire couvert de Criſtal.

612 Un Morceau de forte Ardoiſe; recouverte de très petits Criſtaux, & de Spath écailleux, groupé en petits Globes, & deux Criſtaux, dont un couvert de Pyrites.

613 Un beau Morceau de Criſtal à Canons, de différentes groſſeurs.

614 Un gros Morceau de Spath bleu, dans une Matrice quartzeuſe, & une Maſſe de Criſtaux bruns.

615 Des Criſtaux verdâtres & d'Améthyſte dans du Spath, & une Maſſe de Criſtal brun d'où ſortent des Canons.

616 Un gros Canon de Criſtal noir, un gris, un Criſtal à Eguilles, & ſix Morceaux de Criſtal de Roche.

617 Un Cristal *vermiculé* des Pyrénées, un autre avec du Quartz de l'Isle des Souris, un troisieme du Fleuve de St. Laurent, & quatre autres Morceaux.

618 Douze petites Mines de différens Cristaux.

619 Un Cristal de Roche, couvert de Spath fusible noir, autre avec un peu de Pyrites, un petit Canon de Cristal noir, un gris : en tout douze Morceaux.

620 Dix Morceaux, dont deux Cristaux cubiques verds, l'un groupé avec des Cristaux blanc, ou couleur d'eau, & parsemé de points pyriteux dorés.

621 Spath bleu dans une Matrice quartzeuse, une Masse composée d'un côté de Cristaux blancs, & de l'autre, de Cristaux bleuâtres, & sept autres.

622 Un beau Morceau de Cristal rempli de Spath fusible attaché à de la Mine de plomb, & deux autres Cristaux.

623 Un Cristal de Roche, coloré par un peu de Mine de Plomb, des Cristaux dans de la Mine de Plomb, & autres Morceaux, en tout quinze.

624 Un beau Spath fusible du Hartz, sur un pied de bois noirci.

625 Un beau & grand Morceau de Spath fusible, couvert de Pyrites.

626 Un Spath fusible, un Spath calcaire, & une Masse de Cristal : trois pieces.

627 Un Spath blanc en lames, ou en crête de Cocq, & trois autres beaux Morceaux de Spath.

628 Une Masse de quartz & de Spath ; Un Spath fusible, couvert de Pyrites, en tout dix pieces.

629 Douze Morceaux de Spaths, différens les uns des autres, & un petit rouge d'une Mine de Fer à Torpenhoc, rare.

630 Neuf autres, les uns cristallisés, les autres avec Pyrites.

631 Quatorze Morceaux de Spath calcaire, Spath cristallisé de Hartz, & de Lorraine.

632 Quatorze autres, tant petits que gros.

633 Trois beaux Spaths différens, & dix petits.

634 Une Masse de Pierre calcaire cristallisée intérieurement, & cinq Spaths.

635 Sept Pierres calcaires d'Espagne, de la Montagne de Kinnekula, & autres Pays.

636 Vingt-quatre Morceaux de Pierres calcaires, de Quartz, dont un de la Louysiane & de Spaths.

637 Une Masse de Quartz & de Cristal, couverte de Spath calcaire : ce Morceau a belle apparence.

638 Une petite Masse de Cristaux un peu gris de lin, & autres, portés sur une base de Spath ; une autre de petits Cristaux, & de différentes autres cristallisations.

639 De petits Cristaux blancs & jaunâtres, parsemés dans l'intérieur d'une Masse de la nature de l'Ardoise ; ce Morceau est distingué : plus, de l'Amianthe verdâtre, sur de gros Cristaux de Roche bruns, & un même Morceau d'apparence différente.

Stalactites.

640 Quatre différentes Stalactites.

641 Treize autres Stalactites, dont une de Gyps, des Mines d'Argent en Dalécarlie.

642 Cinq Géodes qui ont dans leur intérieur différens beaux Cristaux, dont deux dans le pourtour sont agatisés.

643 Soixante-neuf Géodes, presque tous très beaux & de choix : on les

divisera en plusieurs Articles.

644 Différens Gypses du Canada, de Samara, des Mines de Fahlun, & autres endroits. 10 · 1

Plaques d'Agates, de Cornalines, de Jaspes, de Cailloux d'Egypte, de Rennes, &c.

645 Deux grandes Plaques d'Agate Orientales, taillés à huit pans, & propres à faire une Boîte. 16

646 Quatre plus petites, dont deux de même nature & de même forme, que les précédentes : elles sont tachetées de noir, & propres à faire deux Boîtes. 36

647 Quatre autres, deux Orientales, & deux qui paroissent de bois pétrifié, elles peuvent faire aussi deux Boîtes. 15 · 10

648 Quatre belles Plaques d'Agate Orientale, dont deux ont quelques arborisations. 10 · 19

649 Cinq Plaques d'Agate rubanée, de différentes formes. 7 · 4

650 Quatre Plaques d'Agates, propres à faire deux Boîtes contournées. 12

651 Huit autres de différentes grandeurs, & variées de couleurs, propres à faire quatre petites Boîtes. 12

652 Dix jolies Plaques d'Agate, avec lesquelles on peut faire trois Boîtes.

653 Cinq Plaques d'Agate, dont deux très grandes, propres à faire une Boîte.

654 Huit Plaques d'Agate, dont plusieurs rubanées.

655 Quatre Plaques d'Agate herbée, dont deux grandes peuvent faire une Boîte.

656 Six autres Plaques, dont deux Orientales, & un peu arborisées.

657 Trois Plaques d'Agate, de différentes couleurs.

658 Six jolies Plaques d'Agate, dont plusieurs sont rubanées, quatre peuvent servir à faire deux Boîtes.

659 Huit différentes Plaques d'Agate.

660 Onze Plaques d'Agate, différentes par leurs formes, ou par leurs couleurs.

661 Vingt-deux autres Morceaux.

662 Dix jolies petites Plaques d'Agate, dont une avec des cercles concentriques.

663 Cinq autres Plaques, de différentes formes & grandeurs, riches en couleurs.

664 Six autres.

665 Seize autres Plaques d'Agate, dont plusieurs petites assez jolies.

666 Vingt-quatre Morceaux d'Agate. 13 . 11

667 Treize Plaques d'Agate, de formes & de couleurs différentes. 12 . 2

668 Vingt-une autres Plaques aussi d'Agate. 6 . 3

669 Seize Plaques d'Agate, de formes contournées & autres, propres à faire huit Boîtes. 6 . 4

670 Dix-sept petites Plaques d'Agate, parmi lesquelles il y en a quelques-unes qui ont des accidens heureux. 29

671 Douze autres presque toutes ovales. 15 . 12

672 Dix Plaques d'Agate, dont trois Orientales. 10 . 1

673 Seize autres, dont une belle couleur de Sardoine, quelques-unes rubanées. 8 . 13

674 Onze Plaques d'Agate, d'especes différentes. 10

675 Vingt-trois autres. - - - 12 . 1

676 Douze Plaques d'Agate d'Allemagne, de différentes grandeurs, dont plusieurs rubanées. 7 . 1

677 Dix différentes Plaques d'Agate. 10 . 1

678 Vingt-quatre Morceaux d'échantillons d'Agate : il s'en trouve de jolis. 4

679 Dix-sept Morceaux d'Agate, de différentes formes. 10 . 4

680 Quinze autres. - - - 10 . 6

681 Trois Plaques d'Agate d'Allemagne, d'un volume considérable.

682 Dix Plaques d'Agate, dont huit peuvent servir à faire des boîtes.

683 Dix autres, dont deux peintes.

684 Quatre Soucoupes de différentes Agates, dont deux d'un grand volume.

685 Cinq Boîtes de différentes Agates d'Allemagne, non montées.

686 Six autres, *idem.*

687 Six autres, dont une d'Agate noire.

688 Trois Boîtes d'Agate & six Cuvettes.

689 Quinze Cuvetes & Dessus de Boîte.

690 Quatre Salieres d'Agate, deux Tabatieres en gondole, & quatre Cuvettes.

691 Sept Cuvettes, deux Tabatieres en gondole, & six Plaques, dont trois sont peintes.

692 Une belle Tasse d'Agathe Orientale, & huit Jattes d'Agate d'Allemagne.

693 Douze petites Cuvettes, dont plusieurs sont d'Agates Orientales.

694 Vingt-six autres, dont quelques-unes sont aussi Orientales.

695 Cinquante différens Morceaux & petites Plaques d'Agate. 35 . 6

696 Une Boîte d'Agate d'Allemagne, avec toutes ses pieces, propre à être montée en cage, une Gondole & deux Plaques de Prime d'Améthiste. 10 . 1

697 Dix-huit Plaques d'Agate de différentes formes, dont quelques-unes sont orientales. 8

698 Vingt-un Morceaux d'Agate, dont quatre sont peintes. 13

699 Vingt-neuf autres, *idem.* 9 . 12

700 Vingt-deux autres. 11

701 Dixhuit petites Soucoupes d'Agate, & deux en forme de cuillers. 9 . 6

702 Seize Morceaux, dont huit différens Echantillons d'Agate herbée, & quelques Sardoines. 45

703 Deux belles Plaques d'Agate orientale, huit petits Echantillons de Sardoine, & deux Cuillers aussi orientales, & semés de petits points noirs. 27

704 Dix-huit Morceaux d'Agate, dont deux Salieres, une des deux montée sur un pied de bronze doré. 7 . 2

705 Quatre-vingt-cinq Echantillons d'Agate, de Jaspe, de Cailloux d'Angleterre, Cailloux d'Egypte; toutes de forme ronde & de la grandeur 26 , 12

d'une piece de vingt-quatre sols ; tous ces Morceaux forment une jolie petite suite.

706 Deux Plaques de Jaspe sanguin : un Caillou en forme d'œil ; ce morceau est monté en cuivre doré ; & deux belles Plaques de Caillou d'Egypte.

707 Cent dix Echantillons de différentes pieces de pareille matiere que celle du n°. 705, & presque tous de même forme entr'eux.

708 Quarante-neuf autres Echantillons, tous d'un joli choix, & de différentes matieres comme le n°. précédent.

709 Huit grandes Plaques de Cornaline rouge.

710 Dix Plaques de Cornaline, & deux Anneaux de même matiere.

711 Trente différens Echantillons de Cornaline rouge & d'un morceau de Cornaline blanche.

712 Dix Plaques de Jaspe de différentes especes.

713 Dix autres aussi de Jaspe.

714 Deux Tabatieres de différentes formes de Jaspe rougeâtre, deux Plaques de Jaspe fleuri, deux de Jaspe vert, & deux autres sanguins.

715 Une Tabatiere de Jaspe fleuri, & dix Plaques de différens Jaspes, dont deux rosaires. 9 . 2

716 Dix autres Plaques aussi de Jaspe. 18

717 Onze autres de différens Jaspes très jolies. 20

718 Neuf autres Jaspes, dont deux belles Plaques rouges que l'on croit être naturelles. 19

719 Six grandes & belles Plaques de Jaspe vert, sanguin & fleuri. 30 . 10

720 Dix autres de différentes couleurs. 10 . 1

721 Trois petits Vases, un de Jaspe rouge, l'autre vert, le troisieme sanguin, & une petite Tabatiere, non montée, de pierre rosaire. 9

722 Neuf Plaques de différens Jaspes, dont six peuvent servir à faire trois boîtes. 14 . 1

723 Sept Plaques de différens Jaspes, & trois Jattes de nature différente. 14

724 Vingt-six Plaques, presque tous Jaspes de différente nature. 13

725 Seize Morceaux de différentes formes, presque tous de la nature du Jaspe. 9

726 Quatre grandes Plaques de Jaspe, & quatre plus petites. 21

727 Huit Plaques, dont deux tres gran- 12

des, & six autres qui peuvent servir à faire trois Tabatieres.

728 Vingt-six Echantillons d'especes différentes de Jaspe, tous fort jolis.

729 Vingt-six autres.

730 Douze Plaques de différens Jaspes.

731 Vingt-quatre autres aussi de Jaspe.

732 Quatorze Pieces de Jaspe, & une Boîte aussi de Jaspe.

733 Cinq grandes Plaques de Cailloux d'Egypte, dont deux sont d'une couleur peu commune.

734 Dix autres Plaques toutes assorties pour faire cinq boîtes.

735 Dix autres, *idem.*

736 Dix autres.

737 Dix autres Plaques de Cailloux d'Egypte, dont plusieurs peuvent s'assortir pour faire des Boîtes.

738 Dix autres.

739 Douze, *idem.*

740 Douze autres.

741 Quatre Plaques de Cailloux d'Angleterre, d'un beau choix, propres à faire deux boîtes, & six autres Cailloux de Renne propres aussi à faire des Boîtes.

742 Douze Plaques & une Cuvette de Cailloux d'Angleterre, & dix autres de Cailloux de Renne.

743 Un grand Morceau de prime d'A-

méthiste blanche; un autre aussi très beau, violet; trois autres, dont un très vif enfermé, dans une espece de placage.

744 Un Morceau de prime d'Améthiste blanche, un autre coloré & monté dans un cadre de cuivre, un troisieme peu coloré, & un quatrieme mêlé avec de l'Emeraude. 20 . 5

745 Une Colonne d'Améthiste sciée en deux; deux autres Morceaux de même matiere propres à faire une Boïte, & quatre autres Morceaux. 34

746 Douze autres Plaques, & une Cuvette de Tabatiere cassée, de même matiere. 4

747 Six Plaques de *Lapis*, dont quatre propres à faire deux Boîtes. 9 . 18

748 Quatre Cuvettes de *Lapis* de différentes formes. 13 . 1

749 Onze différentes petites Plaques de Lapis dont quelques-unes très vives en couleurs. 23 . 1

750 Six autres morceaux, dont deux de la plus riche couleur. 16 . 16

752 Une autre de vingt Echantillons aussi de Lapis. 10 . 1

751 Une Boîte de quarante-deux differens Echantillons de Lapis. 7 . 10

753 Trois Plaques de Jade, de différentes couleurs, dont une grande. 18

754 Quatre autres Morceaux de Jade, dont trois ſont travaillés.

755 Cinq autres Morceaux, dont un très beau, travaillé aux Indes, & un montée en Argent.

756 Vingt Morceaux de Jade, dont un Manche de Sabre, & un de Couteau.

Agates Arboriſées & Figurées.

757 Une très belle Agate arboriſée Orientale, montée dans un Cadre doré d'or moulu : elle vient du Cabinet de M. l'Abbé de Fleury.

758 Une autre auſſi Orientale, montée en or.

759 Trois autres d'Allemagne, montées en cuivre.

760 Un très grand Morceau d'Agate d'Allemagne, tout couvert d'Arboriſations.

761 Deux autres, une Orientale & l'autre d'Allemagne.

762 Deux autres, toutes deux Orientales, l'une arboriſée en rouge, & l'autre en noir : elles ſont d'un grand volume & propres à faire des Bracelets.

763 Trois autres d'Allemagne, auſſi d'un grand volume, arboriſées en noir.

764 Quatre autres *idem*, dont une Orientale.

765 Six autres, deux en rouge, & les quatre autres en noir.

766 Six autres Plaques arboriſées en noir.

767 Six autres plus petites.

768 Huit autres.

769 Douze autres.

770 Dix autres; dont quatre rouges.

771 Vingt autres.

772 Six Morceaux d'Agate, dont deux arboriſées en rouge.

773 Sept autres, dont quatre en rouge.

774 Dix autres toutes arboriſées en noir.

775 Onze grands Morceaux, ou arboriſés, ou avec des accidens.

776 Douze autres, *idem.*

777 Quinze autres. *idem.*

778 Douze autres, dont quatre en rouge.

779 Vingt autres.

780 Trente autres.

781 Quarante, *idem.*

782 Trente-ſept autres

783 Vingt-neuf autres, dont pluſieurs rouges.

784 Quarante autres.

785 Cinquante-une autres.

786 Cinq Agates arboriſées, dont une rouge, ſept autres onix.

787 Trois Plaques d'Agate-onix formant des yeux; & ſeize autres petits yeux.

788 Dix-neuf Morceaux, dont la plûpart ſont des Onix.

789 Soixante-quatorze Echantillons d'Agates, preſque tous taillés pour être montés en boutons.

790 Soixante autres d'Agate, de Cornaline, de Jaſpe, &c.

791 Dix-neuf Morceaux de Cornaline taillés en rond & ovale, la plûpart pour être gravés.

Cornalines, Agates, Jaſpes, &c. gravés en creux.

792 Deux Plaques d'Agates de forme ovale, d'un grand volume, repréſentant des Sujets tirés de la Fable.

793 Six autres plus petites; cinq repréſentent des Sujets tirés de la Fable, & la ſixieme un Crucifiment gravé ſur Jaſpe ſanguin.

794 Six Sardoines, deux Jaſpes, une Cornaline-Onix & un *Lapis*.

795 Quatre Sardoines, douze Jaſpes, dont neuf de forme quarré long, les autres ovales, un *Lapis* de forme ronde, tous Sujets tirés de la Fable ou allégoriques.

796 Dix Sardoines, quelques-unes Onix & deux Jaspes verts.

797 Cinquante Pierres propres à être montées en bague; Amétiste, Cornaline, Jaspe, *Lapis*, &c. plusieurs sont gravées d'après l'Antique.

798 Dix-neuf autres propres aussi à être montée en bagues.

799 Vingt-quatre autres.

800 Cinquante autres.

801 Cinquante *idem*.

802 Cinquante autres.

803 Cinquante autres.

804 Quarante-huit autres.

805 Cinquante autres.

806 Vingt autres.

807 Douze autres, toutes de même grandeur, gravées aussi en creux sur des Agates blanches, propres à être montées en bague, & représentant les douze Empereurs Romains.

Pierres & Coquilles gravées en relief.

808 Une Cornaline-Onix de forme ovale représentant le Buste de N. S. un Jaspe sanguin gravé sur les deux côtés, l'un représente un Buste de N. S. & l'autre celui de la Sainte Vierge; une Camée représentant la figure de S. Jérôme, & un autre celle de S. Jacques.

809 Un Buſte gravé ſur Onix de trois couleurs, & deux autres Buſtes.

810 Quatre Têtes gravées ſur des Cornalines, une petite Tête d'Enfant, un Jaſpe Onix & une Coquille.

811 Cinq Buſtes de Femmes & deux d'Hommes, gravés ſur des Onix.

812 Cinq autres, qui ſont les Portraits de Charles V & d'Henri IV, ceux de Catherine de Médicis, Louiſe de Lorraine & Charlotte de la Trimouille.

813 Quatre autres Onix repréſentans quatre portraits de Femmes.

814 Cinq autres.

815 Cinq *idem.*

816 Six autres, dont une gravée ſur les deux côtés.

817 Deux Onix d'un grand volume & de forme ovale, une repréſentant une Vache, & la ſeconde un Triomphe, elle eſt de trois couleurs.

818 Vingt-ſix autres.

819 Uue Suite d'onze têtes gravée ſur *Lapis*, dont huit ſont appliquées ſur des Cornalines.

820 Treize Têtes gravées ſur Coquilles; la plûpart repréſentent des Empereurs Romains.

821 Sept autres Morceaux, trois portent trois têtes acolées.

822 Seize Camées sur Agates & Coquilles, représentant différens sujets

Pierres & Coquilles gravées & montées.

823 La Tête de N. S. & celle de la Vierge, gravées en relief sur les deux côtés d'une Agate de couleur d'Iris avec une bordure en petits rubis & diamans.

824 Un Coq en relief de diverses couleurs sur un fond sardoine, monté en cuivre doré; & un Chien couché sur un careau, gravé aussi en relief sur agate.

825 Une Sardoine-Onix représentant la Tête de César, gravée en creux, la tête d'Alexandre gravée aussi en creux sur Cornaline-Onix, & celle d'une Femme gravée en relief.

826 Deux Bustes très de relief, celui d'un Négre monté en argent, & celui d'une Négresse en cuivre doré.

827 Un *Ecce Homo* assis, gravûre en relief sur Jaspe sanguin avec une sertissure d'or; & deux autres Sujets de dévotion, montés en argent, gravés en creux, l'un sur un *Lapis* & l'autre sur une Sardoine.

828 Trois grandes Pieces gravées en creux, deux sur Agate; la plus grande

montée en argent représentant Venus qui met à l'Amour son carquois; la moyenne montée en cuivre doré, sur laquelle est gravée Judith tenant la tête d'Holopherne, & une Cornaline aussi montée en cuivre représentant un sujet allégorique.

829 Quatre autres Pierres, gravées en creux, deux montées en argent, & deux en cuivre doré.

830 Cinq autres gravées en creux, dont une montée en argent.

831 Deux grandes Camées en Coquilles, l'une montée en cuivre représentant Moyse, & l'autre différentes têtes.

832 Deux autres montées en argent, l'une représentant Bethsabée dans le bain, & l'autre un sujet de dévotion: ces deux morceaux sont d'un joli travail.

833 Une espece de Reliquaire monté en agate avec des émaux, sur lequel sont gravées deux têtes de Soldats.

834 Quatorze différens Morceaux montés en cuivre & gravés en relief.

Pierres gravées montées en cachet.

835 Le Buste de l'Empereur Adrien, gravée en creux sur une grande Cornaline, montée en or & à pivot.

836 Un Jaſpe ſanguin taillé en olive d'un côté, & ſur lequel eſt gravée en creux la tête de l'Empereur Titus, & de l'autre le Type de la Conquête de la Judée, monté *idem*.

837 Un Cachet à trois faces monté en argent avec trois pierres gravées en creux, la premiere une Cornaline qui repréſente une Vache; la ſeconde un *Lapis* ſur lequel eſt la Figure de Venus avec l'Amour, & la troiſieme eſt une Sardoine ſur laquelle eſt gravée un Paon.

838 Une Agate-Onix gravée en creux de forme ovale, qui repréſente une Femme couchée dans un payſage : ce Cachet eſt monté en or.

839 Une Pallas, gravée en creux ſur cabochon de Cornaline, monté en argent.

840 Une Prime d'Emeraude, ſur laquelle ſont gravées deux figures de Guerriers : elle eſt montée en argent.

841 Une grande Camée moderne repréſentant une Tête de Minerve, gravée en relief, montée en or en forme de Cachet.

842 Une Tête d'Homme & une de Femme acolées, gravûre moderne en creux ſur une forte Cornaline : cachet en or.

843 Une très belle Cornaline ronde ; la gravûre eſt moderne & repréſente la Figure de la Paix mettant le feu à des armes : Cachet monté en or.

844 Une Calcédoine ovale de ſeize lignes, ſur laquelle ſont gravées en creux ſept têtes barbues acolées : Cachet à pivot monté en or.

845 Une grande Sardoine de forme ovale, ſur laquelle eſt gravé en creux un Bachanal ou Fête au Dieu Pan, montée en cachet d'or garni de Rubis, d'Emeraude & de Diamans ; trois petits Sujets peints d'une fineſſe extraordinaire ſe trouvent ſous des cryſtaux aux trois faces du Cachet.

846 Une Amétiſte de forme ovale en cabochon, ſur laquelle ſe voit gravée en creux une Femme tenant une Corne d'abondance, & de l'autre main un arc, cachet en argent.

Pierres gravées, montées en Bagues.

847 Le Buſte d'un Vieillard barbu, portant calotte, gravé en creux ſur un Grenat à huit pants monté en or.

848 La Tête d'Hercule, gravée en creux ſur une grande Cornaline blanche, ſa forme eſt ovale, & cette Pierre eſt montée à jour & en or.

849 Une Tête de Singe, gravée en relief sur belle pierre chatoyante, jouant la pierre de Lune, montée en or.

850 Autre Tête de Singe, en relief sur Agate blanche aussi montée en or.

851 Le Buste d'une Femme Romaine, gravé très de relief sur Jacinthe ovale d'une belle grandeur, montée en or émaillé.

852 Une Tête d'homme d'après l'Antique, gravée sur une petite Cornaline rouge montée en or, & une autre Tête, aussi d'après l'Antique sur l'Onix montée en argent.

853 Deux Têtes en regard, l'une d'un Vieillard, l'autre de Femme, gravées en creux sur une Onix de forme ovale montée en or.

854 Une Onix représentant le Buste d'un Homme, montée en or.

855 Une petite Figurine sur agate-onix à table bleue de forme ovale, & un Buste du Roi sur Cornaline ronde, toutes deux gravées en creux.

856 Une Tête d'Empereur sur Jaspe sanguin, & une Calcédoine où se trouvent gravés en creux trois Epis qui semblent sortir d'une marmite.

857 Une Tête de Vieillard barbu de forme presque ronde, d'un assez

beau volume sur Jaspe sanguin monté en or.

858 Autre Tête sur Cornaline montée en or.

859 Mercure assis, gravé sur Cornaline.

860 Un Buste d'Homme gravé aussi sur Cornaline de forme ronde.

861 Trois Bagues d'Agate, montées en or; la premiere représente une Tête de Negre, & les deux autres qui sont des Agates œillées, représentent des Têtes de Hiboux.

862 Sept différentes Pierres gravées en creux, dont une Charité, une Tête de Femme & des Figures, six sont montées en argent, la septieme en cuivre.

863 Quatre petits Sujets ébauchés en creux sur quatre tables d'Agate-calcédoine de formes quarrées longues, montées en cuivre.

864 Une Tête d'Homme à barbe frisée, gravée sur coquille de forme ronde en relief, montée en or.

865 Le Buste de S. Charles, gravé en relief sur *Lapis* de forme ovale; aussi monté en or.

866 Le Buste d'une Femme assez gentille, camée agate-onix.

867 Une autre Camée-Onix de forme

presque ronde, sur laquelle est représente le Buste d'une Femme.

868 Un Buste de Femme voilée, gravé en relief sur onix de trois couleurs.

869 Un Buste de Negre, vû de face, gravé sur onix.

870 Autre aussi de Negre, vû de profil, sur onix.

871 Une Tête de Femme très de relief, sur Cornaline onix de forme ovale, le relief opaque, le fond transparent.

872 Un Camée, Sujet allégorique composé de plusieurs Figures.

873 Le Buste d'une Femme décolletée gravé en relief sur une Agate rouge, de grande forme ovale.

874 Deux autres Bagues d'Agate, sur l'une est gravé en relief, un St. Bruno, & sur l'autre en creux, une Tête; la premiere est Onix.

875 Deux Têtes de profils: ce sont des Femmes gravées, sur des Cailloux de médiocre dureté.

876 Une Tête de Vieillard, de face gravée en creux sur Cornaline brûlée.

Agates Arborisées & Figurées, montées en Bagues d'or.

877 Une très jolie Plante coraloïde, cette Pierre est une belle Agate rouge, de forme ovale, montée en or.

878 Une autre Agate arborisée rouge, montée aussi en or.

879 Une Agate Onyx arborisée de forme presque ronde.

880 Une assez jolie Agate arborisée, de forme ovale.

881 Autre Agate aussi arborisée.

882 Autre *Idem*, de forme ronde, elle laisse voir une Tête de Méduse.

883 Une autre Agate arborisée presque ronde, des arbres semblent être placés sur deux plans différens.

884 Deux Agates arborisées, l'une ronde, & l'autre en quarré long.

885 Deux autres Bagues d'Agate aussi montées en or, elles sont avec accidens.

886 Une Agate de belle grandeur ovale; on croit y voir une Arbalêtre.

887 Un joli Œil de Chat rougeâtre.

888 Deux Yeux de Chat verdâtre, cette Pierre est très chatoyante, & montée aussi en or.

889 Une autre de deux Yeux de Chat,

d'Agate, d'une seule Pierre : ils sont élevés & proche l'un de l'autre.

890 Trois Bagues d'Agates avec arborisations, dont deux Factices : elles sont montées en or.

891 Un très bel Oeil avec des Cataraques, monté en or.

892 Une belle & grande Hyacinte à huit pants & taillée à facette.

893 Un grand Grenat chevé en oval.

894 Un joli petit Grenat, avec deux Diamants.

895 Une Cornaline Cabochon, de forme ronde.

896 Une Etoile composée de neuf petites Opales, huit font l'entourage, la neuvieme qui sert de milieu, est tailée en ovale : cette Bague est montée en griffe & en or.

897 Une petite Matrice de Perle, de forme chantournée presque quarrée, montée à jour.

898 Une Pierre de Composition bleue, taillée à huit pants.

899 Une Paire de Boucles d'Oreilles, composée chacune d'une Perle & d'un petit Diamant.

Tabatieres, Bijoux, Porcelaines, & différens Objets curieux & même d'Art, quelques-uns sont d'argent.

900 Une Boîte d'or en forme de Corbeille, dont le dessus est une très belle Agate arborisée, & la Cuvette est faite d'un Grenat très beau & d'un grand volume.

901 Un petit Flacon de Vermeil, orné de trois Sardoines de formes ovales, gravées en creux, la premiere représente Hercule, la seconde Pallas, & la troisieme Pandore.

902 Deux Tabatieres d'Agate, l'une montée en argent, & l'autre en cuivre.

903 Deux autres, une de Jaspe, & l'autre de Prime d'Ametiste, toutes deux montées en cuivre.

904 Trois autres Tabatieres de différentes Agates de formes ovales, une noire, une rubanée & la troisieme couleur de chair, toutes trois montées en argent.

905 Trois autres, deux petites d'Agate, & une plus grande de Jaspe.

906 Un Burgos monté en Tabatiere, & en cuivre doré.

907 Un Tabatiere de Chasse, en forme

de Boîte à poudre, montée en argent, & dont les deux côtés sont formés d'une très belle moule violette.

908 Une autre montée en cuivre, & de pareille forme, les côtés sont une moule de Magellan.

909 Un très beau Coffre, monté en argent doré, & composé de six Plaques d'Agate Orientale, d'un très grand volume; il y a sur ces Plaques, plusieurs arborisations: il est fermé par un petit Cadenat d'Argent, orné d'une Agate arborisée; c'est un morceau de distinction.

910 Un petit Coffre en forme de Bahu, de cuivre doré, ouvragé, & garni de Plaques de Sardoine, & Plaques d'Agates rubanées.

911 Autre Coffre en forme de Tombeau, de Cristal de Roche, monté en argent, les ornemens dorés.

912 Deux pieces d'Ambre jaune, dont un Vase en forme d'Eguiere, monté en bronze doré.

913 Une Boîte à Cadrille, d'Ambre, & ornée de différens desseins, dessus, sur les côtés & sur chaque petite Boîte: les contrats & les fiches sont aussi

travaillés & gravés.

914 Un pied de Croix, aussi d'Ambre, garni de figures & ornemens.

915 Une grande Tasse d'Agate rubanée, ornée de guirlande de fleurs en relief, très bien travaillé à la Chine.

916 Une autre plus petite de même matiere & de même travail.

917 Une Tasse d'Agate Orientale, montée en argent doré, & une grande Soucoupe de forme ovale, aussi d'Agate Orientale.

918 Une très belle Tasse d'Agate Orientale, d'un grand volume.

919 Une autre de pareille matiere, moins grande.

920 Deux autres de pareille matiere, dont une petite montée en argent doré.

921 Une très jolie Tasse, avec sa Soucoupe, de Sardoine.

922 Une autre aussi avec sa Soucoupe d'Agate Orientale.

923 Trois autres d'Agate d'Allemagne.

924 Quatre petits Vases de différentes formes d'Agate d'Allemagne.

925 Une Tasse d'un très beau Jaspe universel, montée en or avec deux anses & émaillées.

926 Une autre Sardoine gaudronée, de forme ovale, montée en or avec une seule anse aussi émaillée.

927 Une belle Coupe d'une jolie forme, sur son pied; le tout de Jaspe sanguin monté en or emaillé.

928 Une autre plus grande de Jaspe universel, sur son pied de même matiere, montée en argent.

929 Deux Coupes de différentes formes d'Agate, sur leurs pieds, montées en argent.

930 Une grande Soucoupe de forme ovale, d'Agate d'Allemagne garnie de deux anses, & d'un pied d'argent enrichie de grenats & de vermeil.

931 Une autre avec son couvercle aussi d'Agate d'Allemagne, garnie en cuivre dorée, & montée sur un pied.

932 Une très grande Coupe de Jaspe, jaune & rouge, sur son pied de même matiere, montée en argent.

933 Un Baril d'Agate, ou Jaspe rouge garni en argent.

934 Un grand Vase en forme de Gondole d'Agate Orientale.

935 Un autre, *idem*.

936 Deux autres plus petites de même forme d'Agate rubanée.

937 Deux autres, *idem*.

938 Une grande Tasse de forme ronde arborisée sur les bords : elle est Orientale, & d'une très bellepâte.

939 Deux autres Tasses plus petites, d'Agate d'Allemagne, avec leur Soucoupes de même matiere.

940 Quatre petites Tasses, dont une Orientale, & un Bougeoir aussi d'Agate Orientale.

941 Quatre Chandeliers d'Agate d'Allemagne.

942 Une Ecritoire garnie de toutes ses pieces, d'Agate d'Allemagne.

943 Un petit Pot, avec son couvercle de Jade vert, monté avec une anse & des cercles de cuivre doré d'or moulu.

944 Deux Vases, l'un de forme ronde & l'autre de forme ovale, de Jade travaillé.

945 Un Vase en forme de Caffetiere, avec son couvercle de serpentine, monté en argent doré.

946 Une grande Eguiere de Cristal de Roche, montée en argent

947 Un joli Vase de même matiere, monté sur un pied & garni d'Argent.

948 Un Animal de fantaisie, de Cris-

tal de Roche, monté en cuivre doré.

949 Un Plateau de Criſtal de Roche, monté en cuivre doré, le fond qui eſt auſſi de cuivre doré, repréſente une Ste Famille, d'après Nicolas Pouſſin, gravée en bas-relief. 40 . 1

950 Un petit Vaſe de Criſtal de Roche avec ſon couvercle, monté en argent, & deux petits Pots à l'eau avec leurs Cuvettes de Porcelaine blanche, en relief, un garni en argent, l'autre en cuivre. 13 . 7

951 Une Taſſe & une Soucoupe, de belle Porcelaine brune, du Japon, elle eſt rare, montées en or. 172 . 16

952 Un Animal à quatre pieds, d'ancienne Porcelaine verdâtre, garni en argent. 22

953 Une Pagode de Porcelaine colorée. 25

954 Deux petits Pots avec leur couvercles, de Porcelaine dorée, garnis de fleurs en relief. 12

955 Deux Vaſes de Verre ancien, avec des ornemens dorés, & un Plateau de même matiere. 21

956 Deux Dragons, dont le corps eſt de compoſition verte, & le reſte en cuivre doré. 24

957 Un Vaſe d'argent doré, & qui a ſervi à la Synagogue de Prague, avec une petite Chaîne d'argent, aux deux bouts de laquelle eſt attaché un Gland de Corne.

958 Un Bonnet Chinois, travaillé en filigrame d'or, orné de Perles & de Pierres, plus, cinq petites Aigretes Chinoiſes garnies auſſi de Perles; le travail en eſt fort joli, & c'eſt un morceau précieux.

959 Une autre Bonnêt Chinois, en filigrame d'argent, deux Aigretes de même matiere, une garniture de boutons Chinois auſſi en filigrame, & une Bague du même Pays; tout cet aſſortiment eſt d'un joli travail.

960 Trois Bocaux renfermant des Bouquets, l'un fait aux Indes avec des aîles de ſcarabés, les deux autres compoſés avec de la Chenille.

960 * Trois autres Bouquets, deux ſous des Caſes de Verre, l'un fait aux Indes, l'autre de Coquille, & le troiſieme auſſi de Coquilles ſous un bocal.

961 Une Boîte à poudre, faite de deux Morceaux de Coquilles gravées en reliefs, montée en argent, & un pe-

tit fruit d'argent travaillé aux Indes.

962 Un Poignard, dont le manche est d'Agate onyx; & le foureau garni de différentes especes de Pierres, gravées, de Rubis & de Perles & monté en argent doré.

963 Deux Vases de Cornes de Rhinocéros, en forme de Tasses, travaillés aux Indes.

964 Un autre, *idem*.

965 Un petit Vaisseau, dont le corps est de Nacre de Perle, les Canons de Corail, les Voiles & les Cordages, d'argent doré.

966 Deux Cases de Verre avec filets de cuivre doré, dont l'une contient trois Têtes travaillées en Coquille, en Perle & en Or, & un petit Cerf d'or & de Nacre; l'autre un Portrait peint, au dessus duquel est une Couronne garnie de Diamants, & au-dessous trois grosses Perles; plus, un chien composé d'une Perle & travaillé en or, garni de Pierreries; plus, la figure d'un Poisson aussi en Perle, monté en or & garni de Pierreries: ces deux Cases seront vendues ensemble ou séparément, suivant qu'on le desirera.

Pierres fines & autres, montées & non montées.

967 Vingt-quatre Emeraudes tant brutes que taillées.

968 Douze Grenats les uns en Cabochon, les autres taillés.

969 Quinze autres, *idem.*

970 Une grande Hyacinthe taillée à facette, & une même Pierre en Cabochon.

971 Un Pérideau de forme oblongue à pans, taillé à facettes, un petit Rubis Spinel Cabochon, & dix-huit petits grenats de différentes formes.

972 Un Grenat monté en plomb, & douze petits rubis, une Amétiste & un Rubis Balai.

973 Un Brut de Rubis Cabochon, un Rubis Balai taillé, & plusieurs petits Rubis.

974 Des Vermeilles, des Jargons & des Grenats, avec deux Plaques de Brut de Grenats, taillées.

975 Un nombre de Saphirs d'eau, & de Saphirs de Dupuis, & autres pierres de différentes couleurs.

976 Cinq Cabochons de Saphirs Orientales, deux Grenats Cabochons, &

une Tête d'Enfant, gravée sur Hyacinthe enchassé en or.

977 Une grande Topase d'Allemagne, taillée à facette & de forme ovale, montée dans son Chaton.

978 Une autre Topase d'Allemagne.

979 Un Cristal brun dans son Chaton, émaillé; trois Topases d'Allemagne, dont deux de couleurs claires, & une Améthyste blanche.

980 Plusieurs Cristaux, dont un fait l'Iris, & des Topases d'Allemagne.

981 Dix-huit petites opales, de différentes formes, & un Morceau d'opale brute.

982 Une Opale, & deux différentes Pierres Chatoyantes.

983 Onze Pierres Chatoyantes, dont trois en Saphir Cabochons, une Tête de Mort faite d'un Perideau, & un Cabochon de Saphyr percé.

984 Douze autre Chatoyantes, de différentes formes & grandeurs, une petite Tête d'Enfant en relief, gravée sur Prime d'Emeraude, & une Astroïte.

985 Une très belle Chatoyante d'un volume prodigieux.

986 Différentes Pierres, comme Topases du Bresil, Chatoyantes, &c.

987 Des Améthystes, de différentes formes & grandeurs.

988 Quatre Topases du Bresil, de différentes formes.

989 Des Topases d'Inde, & des Topases d'Allemagne.

990 Des Crisolites & des Grenats bruts.

991 Deux Topases d'Allemagne, l'une Cabochon, l'autre dans son Chaton, & une Composition de Gérasole taillée.

992 Neuf Pierres de Compositions de différentes couleurs, montées en Chatons, une Pendeloque de Rubasses, une Pierre teinte, montée en Pendeloque, un Collier de Grenat, un autre de Composition rouge.

993 Une Matrice de Perle, dans sa Coquille.

994 Une Grosse Perle ronde plombée, une autre moins grosse aussi plombée, deux autres Perles rondes & trois Morceaux de Nacre de Perle.

995 Trois Perles rondes assez fortes, plombée, sept Matrices de Perles, dont une montée dans son Chaton, & plusieurs Morceaux de Nacres, en tout dix-sept.

996 Deux Plumes de Paon, taillées en

Pendeloque

Pendeloque, & deux autres de même matiere.

997 Deux Perles couleur de rose, une rouge, une noire, & différentes autres Perles. Plus une Matrice de Perle travaillée, & formant un petit Chien.

998 Deux Boutons de Crevées, composés chacun d'une coque de Perle entourée de cristaux, & huit Morceaux de nacre de perle.

999 Huit petits Verres remplis de semences de perles de différentes formes, grosseurs & couleurs, & deux morceaux de nacre de perle.

1000 Une Loupe de prime d'Amétiste, que l'on nomme *Fluor*.

1001 Un Morceau de canon de prime d'Emeraude, & deux petits morceaux de même nature.

1002 Des Pierres de compositions & donblets de différentes couleurs, & des Vermeils dans une petite boîte.

1003 Deux grosses Topazes d'Allemagne, dix sept morceaux d'Amétiste brut, &c.

1004 Différens Echantillons d'Emeraudes, de Saphyrs, de Turquoise, de Malaquites, &c.

1005 Plusieurs Echantillons de Grenats, de Brutes, Jacintes, &c.

1006 Des Pierres de Compositions de différentes couleurs, & des Grenats.

1007 Trente-deux Cases, dans lesquelles il y a différens Echantillons de Grenats, Hyacinthes, Prime d'Améthyste, d'Eméraudes, &c.

1008 Six Cristaux, dont un dans la forme du Diamant du Roi.

1009 Différens Cristaux & plusieurs Rubasses.

1010 Vingt-quatre Echantillons de différens Cristaux.

1011 Douze différens Echantillons de Cristal de Roche, presque tous sont avec des accidens.

1012 Huit Plaques de Cristal de Roche, & une Boîte aussi de Cristal de Roche, non montée.

1013 Quinze autres Morceaux de Cristal de Roche, dont plusieurs peuvent servir de Cuvettes.

Fossiles & Pétrifications.

1014 Un petit Corps d'Armoire de bois norci, composé de huit Tiroirs, & renfermant une suite de Coquilles Fossiles.

1015 Un autre de pareille grandeur, contenant une Suite de Pétrifications.

1016 Une autre Armoire de Foſſiles & Pétrifications.

1017 Une Pétrification fort rare, que M. Guetard a fait graver dans les Mémoires de l'Académie, à la ſuite de celui où il rend compte du Palmier marin pour faire voir que cette Pétrification y a un très grand rapport; on la nomme *Lapis lilium referens.*

1018 Le même Morceau ouvert, & qui montre ſon intérieur, qui eſt auſſi gravé dans la même Planche que celle de l'article précédent.

1019 Deux Boîtes diviſées en pluſieurs cazes, & couvertes de Verre : elles renferment différens Morceaux de Pétrifications étoilées, qui ont rapport aux deux Numéros précédents. Cette ſuite eſt interreſſante.

1020 Une grande Aîlée foſſile, & un Tubulaire du genre de ceux dont la Tête eſt volutée; il eſt en deux Morceaux.

1021 Deux autres Tubulaires Foſſiles de Champagne; deux Cunolites pétrifiées, une Corne d'Ammon agatiſée.

1022 Un Groupe de Tubulaires, pareils à ceux du Numéro précédent, & ſeize Ourſins pétrifiés, dont pluſieurs sont polis & cristallisés.

1023 Six Oursins pétrifiés, dont deux transparents, ils sont très bien conservés.

1024 Dix-sept Oursins pétrifiés, dont un transparent & agatifié, & une Cunolite.

1025 Quatre autres Cunolites, & dix Champignons de Mer pétrifiés : on en a joint un qui ne l'est pas.

1026 Deux autres Oursins pétrifiés, placés agréablement par la nature, puisque l'un est vû par dessus, & l'autre par dessous : ils sont tous couverts d'une cristallisation spatheuse, qui paroît remplacer les pointes qu'ils ont perdues : ce Morceau est très agréable, il vient du Cabinet de M. de Sully, & est gravé dans M. d'Argenville.

1027 Une Dent pétrifiée d'un volume très considérable, elle est d'un Animal inconnu, & le Palais d'un Animal aussi inconnu.

1028 Deux Dents molaires d'un Eléphant, la racine d'une autre Dent, & deux Plaques sciées & polies des mêmes Dents.

1029 Deux petites Cornes d'Ammon, dont une Agatifiée, deux Morceaux de Madrepores qui paroissent être du

Corail par leur couleur rouge, & six Plaques d'Ardoise avec différentes Empreintes.

1030 Dix-sept Morceaux d'Astroïtes ou Madrepores pétrifiés, parmi lesquels il y en a deux taillés pour faire une Boîte. 20

1031 Un Morceau de forme ronde & plate, de matiere osseuse, & que nous ne connoissons pas; & différens Morceaux de Cornes d'Ammon. 16

1032 Trois beaux Morceaux de bois agatifié, polis. 31 . 2

1033 Six autres Morceaux de bois pétrifiés, agatifiés & polis. 10 . 2

1034 Huit autres, *idem.* 17 . 12

1035 Un Tiroir de différens échantillons de bois pétrifié, qui sera divisé. 52 . 4

1036 Un autre contenant des Madrepores, qui sera aussi divisé. 68 . 4

1037 Une Armoire renfermant des Pétrifications & des Fossiles, qui seront détaillés. 430 . 12

1037 * Plusieurs beaux Morceaux de Stalactites, dont on fera plusieurs numéros. 113 . 10

Marbres, Porphyre, Granite & Albatre.

1038 Soixante-dix-neuf Echantillons de 36 . 6

Marbres de divers pays.

1039 Trente-deux autres, dans le nombre desquels il se trouve des Morceaux de Porphyrs, de Granites &c.

1040 Dix Plaques d'Albâtres de différentes couleurs, propres à faire cinq Tabatieres.

1041 Dix autres, *idem.*

1042 Quinze autres Morceaux d'Albâtre.

1043 Dix-Neuf autres Morceaux.

Ambres, & Droguier.

1044 Cinq Morceaux d'Ambres, parmi lesquels est une Tabatiere à charniere d'or.

1045 Quinze Plaques d'Ambre.

1046 Quinze autres, toutes travaillées.

1047 Quarante-un autres Morceaux.

1048 Neuf Morceaux, qui tous contienent des Insectes.

1049 Un Flacon d'Ambre, un petit Vase, un pied d'estal & autres Morceaux d'ambre : en tout sept.

1050 Trois gros Morceaux d'Ambre Naturelle.

1051 Une Boîte contenant différentes Gommes & Resines.

1052 Un Droguier composé de cinquante-cinq Bocaux contenans différens objets.

Bustes de Bronzes, d'Agates & d'autres Matieres, parmi lesquels il y en a d'Antiques.

1053 Buste de Jupiter, la Tête antique & le Pied d'ouche, de differens Marbres, le Thorax de Bronze doré. 160 . 6

1054 Deux Bustes de Bronze sur pieds de bois, l'un d'Homere, l'autre de Séneque. 73

1055 Deux Petits Bustes de Marbre, l'un de Platon, l'autre d'un Prince, avec les Cornes de Bélier. 4 . 11

1056 Une Tête de Femme de Jaspe, inconnue, posée sur un pied de bois. 18 . 1

1057 Buste de Femme en Bronze doré, très élégant, sur un pied d'Avanturine. 18 . 6

1058 Buste de Bronze très fin, d'un Homme inconnu, sur un pied de Marqueterie. 18 . 10

1059 Une Tête de Femme d'après l'Antique, fort élégante, en Bronze, posée sur un pied de Marqueterie. 16 . 2

1060 Buste en Bronze d'un très beau travail : c'est le Portrait d'un Chevalier de quelqu'Ordre. 19

1061 Buſte d'Hercule en Marbre blanc, enté ſur du Bronze.

1062 Buſte de Minerve en Agate, ſur un piedeſtal de pluſieurs pieces de même matiere.

1063 Autre Buſte d'Agate ſans pied : Figure inconnue.

1064 Buſte d'Agate barbu, orné de Pierres de rapport, Perles & Pierreries, ſur un Pied douche de Marbre.

1065 Trois petites Têtes ou Buſtes d'Agate, dont l'une eſt montée en argent, avec un Caſque orné de Diamants.

1066 Un petit Buſte de Vierge, fin Bronze.

1067 Cinq petites Têtes de Bronze, la plûpart Antiques.

1068 Huit autres, dont ſept de Bronze, deux ſont dorées.

1069 Deux Têtes de Divinités Indiennes, l'une de Prime d'Eméraudes, l'autre d'Agate montées ſur deux Cippes de Jaſpe, le tout orné de Bronze doré d'or moulu.

1070 Cinq petits Buſtes de Bronze; plus deux Têtes de Négres, d'acier, & trois Têtes de Femmes répétées, auſſi de Bronze.

Bronzes Egyptiens.

1071 Une Iſis aſſiſe, avec Orus ſur ſes genoux. 36

1072 Une autre dite, & deux Prêtres Egyptiens. 26.10

1073 Une autre Iſis Moderne, & deux Prêtres Egyptiens Antiques. 15

1074 Deux Iſis & trois Prêtres. — — 30.1

1075 Une Iſis, un Harpocrate, deux Prêtres aſſis & un debout. 42

1076 Autre Iſis, avec quatre différens Prêtres. 16.1

1077 Un Harpocrate & deux Prêtres. 36.1

1078 Trois Prêtres, dont un aſſis.

1079 Un Prêtre Egyptien de Bronze; & deux Figures de Terre émaillées en bleues. 21.12

1080 Une Figure à Tête de Singe, ſur un pied garni de Lézard & Serpent de Bronze, & deux autres Figures de Poteries Egyptiennes. 12

1081 Une petite Iſis de Bronze & deux autres Figures de Terre verniſſé. 23.10

1082 Six petites Pieces, cinq en Bronze, une en Terre; la principale eſt une Fortune Panthée. 15.10

1083 Quatre Prêtres Egyptiens de Bronze. 12

1084 Six autres. — — — — 10.5

1085 Six autres.

1086 Six, *idem.*

1087 Quatre Figures de Terre Egyptienne.

1088 Cinq Figures de Terre Egyptienne.

1089 Huit autres plus petites.

1090 Un Prêtre Egyptien de Bronze.

1091 Figures de Momie en bois de Sicomore, & un Epervier de même. Ces deux Morceaux sont Antiques.

Lampes de Terre, & autres Curiosités Antiques.

1092 Une Lampe Etrusque de Terre, très belle.

1093 Trois autres Lampes de Terre antique, avec des Têtes en reliefs.

1094 Quatre *idem*, avec ornemens.

1095 Trois dites.

1096 Sept autres.

1097 Un petit Vase, & un Mouton antique de Bronze.

1098 Quatre *Phallus*, dont un aîlé.

1099 Huit petit Morceaux en Bronze, dont les principaux sont trois Clefs, plus un Péroquet de Mer.

1100 Trois Différentes Haches antiques, une de Bronze & deux de Pierre dure.

1111 Quatres autres dites, en Pierres. 6 . 3

1102 Deux Figures de Femme mutilées, l'une une Vénus, l'autre une Dame Romaine. 8 . 1

1103 Trois Figures de Bronze, dont deux mutilées, les principales sont la Minerve & Mars. 6

1104 Quatre petites Figures de Bronze, la plûpart mutilées, Mercure & l'Abondance sont les principales. 18 . 10

1105 Quatre autres dites. 7 . 19

1106 Lampe dans le goût antique, représentant un Homme la Tête entre les jambes, & suspendu par les pieds. 31 . 1

Bronzes modernes, plusieurs d'après l'Antique.

1107 Une petite Flore avec un très beau vernis, posée sur un socle de bois. 48 . 19

1108 Un Silene & un Faune, le Silene a les bras soudés. 30

1109 Un Homme portant une grosse Coquille sur ses épaules. 18

1110 Une Femme accroupie avec son Enfant, un Satyre sur un genou qui les regarde: ces deux Bronzes font pendant. 49 . 19

1111 Un Amour couché. 7 . 19

1112 Deux différentes Figures de Vénus, dont une a le bras rompu. 8

1113 Trois Monstres d'imagination, assez bien réparés.

1114 Un Fou & une Paysanne : ces deux Figures sont montées sur des pieds de Marqueterie, garnis de Bronze doré.

1115 Un autre Fou, sur un Socle de Marbre blanc.

1116 Une Dame Allemande portant son Chien, sur un Socle de Marbre noir.

1117 Un Soldat qui tient la Tête de St. Jean.

1118 Samson qui terrasse un Lion, sur un pied de bois, garni en Bronze, & pour pendant un Cheval, aussi sur son pied.

1119 Une Femme représentant la Religion, figurée en Bronze doré, sur un pied de Marbre noir.

1120 Torse sur un pied de Marbre rougeâtre, & un Enfant sur un pied de Marbre noir.

1121 Un Enfant assis sur un Dauphin, trois autres petits Enfans.

1122 Cinq autres dont plusieurs Amours.

1123 Amphytrite & six plus petits Bronzes en pendants, tous sur des pieds de bois.

1124 Une Femme, Silene, & un petit Homme assis sur un Baquet. 10 . 1

1125 Sainte Lucie & St. Sébastien. - - 4 . 6

1126 Quatre Figures de Bronze, Hercule, une Figure inconnue, & deux Soldats Romains. 16

1127 Trois autres, une Femme nue tenant un Arc, & deux Figures d'Hommes inconnus. 16 . 16

1128 Jupiter, Bacchus, & deux autres Figures inconnues 24

1129 Quatre Figures nues, dont Venus & l'Abondance. 12 . 4

1130 Quatre autres, Mars, Mercure, un Faune portant un Vase, la quatrieme nous est inconnue. 30 . 6

1131 Quatre Figures, dont trois mutilées. 9 . 12

1132 Huit petites Figures, dont un Mercure & une Vénus, la plus grande partie mutilée. 12

1133 Huit autres, dont un Mars. - 16

1134 Huit dites dont un Marchand d'Oublies. 9

1135 Onze petites Figures, dont une Pandore, un Mars, un Diomede. 13 . 6

1136 Quatre petites figures d'Enfans en Bronze, avec des Guirlandes, des Coquilles, & des Pierres de rapport. 15 . 1

1137 Un Bœuf & un Bouc en pendans, sur des pieds de bois noirci.

1138 Un Sanglier de bronze, sur son pied de bois noirci.

1139 Un Lion, très fin, sur un pied de Bronze.

1140 Un Cerf, un Bouc & un Taureau.

1141 Six Figures d'Animaux, dont la principale est un Lion.

1142 Une Figure d'Estropié, Cul-de-Jate.

1143 Deux Cassolettes de Bronze doré, ornées de Corail incrusté, une Tête de Negre & une Tête de Mort.

Médailles & Bas-reliefs de Bronze, Acier & Plomb.

1144 Henri II en bas-relief de cuivre, pour être appliqué sur un fond.

1145 Henri IV, & Marie de Médicis, par Dupré, Médaillons dorés.

1146 Autre Henri IV, de Dupré, & le Chancelier de Silleri.

1147 Le Président Jeanin, & François IV, par Dupré, grandes pieces.

1148 Le Chancelier le Tellier, doré d'or moulu, & la Figure à mi-corps de M. d'Argenson, Lieutenant-Général de Police, traité en bas-relief & doré.

1149 Un Reliquaire doré d'or moulu, d'un beau travail.

1150 Deux Bas-relief & deux Médailles de Varin.

1151 Trente différents Morceaux de Bronze, dont un Talisman, des Sceaux du moyen Age, une Boîte à poudre en forme de Corne, &c.

1152 Dix-sept Pieces en acier, différens modeles de Ciselure, dont l'un représentant la Conversion de St. Paul, est d'un beau travail, plus un Miroir d'acier damasquiné en or.

1153 Vingt-une Pieces en Plomb, dont trois grands Médaillons.

Curiosités Indiennes, Chinoises & Gauloises.

1154 Trois Vases de Bronzes Chinois, dont celui du milieu est à anse.

1155 Trois dits, celui du milieu est une Cassolette sur un Plateau, le tout de Bronze.

1156 Un Vase quarré sur quatre pieds, & deux especes de Flambeaux différents; le tout de Bronze.

1157 Deux Oiseaux & un Vase damasquiné de Bronze.

1158 Dix Pieces Indiennes, dont sept en Bronze, les trois autres en pierre, terre & bois.

1159 Quatre Pieces, dont deux de Bronze; les deux dernieres sont une Idole & un Calumet.

1160 L'Arbre de Vie avec Adam & Eve, & la Figure du Sauveur du Monde portant un Agneau, Ouvrages du très-ancien Gothique.

1161 Onze pieces, dont les principales sont deux Haches de Sauvages & deux Cuillers indiennes.

1162 Habits, Meubles, Armes, & ustensiles d'Indiens, Sauvages & Chinois; que l'on détaillera, lors de la Vente.

Emaux.

1163 Un grand Plat oval, sur les Desseins de Jule Romain, bien conditionné.

1164 Autre grand Plat de Fayence de relief, & émaillé de riches couleurs, représentant un Bain de Femme en relief.

1165 Un Plat à barbe en forme de Coquille & une Eguiere, en émail d'Hollande.

1166 Un grand Morceau d'Email, représentant une Cléopâtre peinte sur or, par *Bordier*, célebre Artiste en ce genre.

1167 Deux petits Sujets, avec bordures de Bronze, & deux Portraits. 1

1168 Une petite Cassolette montée en or, deux Boîtes de Montre, & six autres Morceaux. 17

1169 Les douze César. 24

1170 Deux Figures en pieds, dont une est Charles XII. 21

1171 Un petit sujet de David Teniers, peint en Camailleu, & propre pour un dessus de Tabatiere, & un petit Flacon d'émail Indien. 7 . 12

Sculptures & Ouvrages en Ivoire.

1172 Vase en forme de Tasse à anse, orné de Sujets en bas-relief, tirés de la Fable. 30 . 6

1173 Un Cylindre autour duquel sont représentés les Emblêmes des Quatre Saisons, par differentes Figures. 33 . 19

1174 Apollon qui écorche Marsyas : ce Morceaux d'Ivoire en relief de huit pouces de haut sur quatre pouces six lignes de large, est de la plus grande distinction. L'Auteur nous est inconnu ; il est sous verre & bordure. 135 . 10

1175 Un autre Relief très dégagé ; exécuté aussi par un Habile Artiste : il représente Hercule, qui tient le Médaillon d'un Cardinal, & la Renommée qui vient pour le couroner.

1176 Zéphir & Flore, renfermés dans une bordure à ornement & à jour, de bois ſculpté doré.

1177 Deux Pieces bordées de même, dans l'une Vénus au Bain, & des Armoiries, dans l'autre Jupiter & Mnemoſyne.

1178 Un très beau & grand Médaillon en bas-relief d'Ivoire, appliqué ſur un fond noir, ſous verre & bordure ; c'eſt le Buſte d'Innocent XII.

1179 Celui de Louis XIV. dans ſon bel âge, très bien exécuté renfermé ſous glace, dans une boîte de chagrin garnie & piqueté en argent.

1180 Jaſon qui combat pour gagner la Toiſon, & des Fleurs & ornements, le tout gravé en relief, ſur un deſſous de rappe de douze pouces de longueur.

1181 Une Rappe, le deſſus & le deſſous ivoire, & une moitié de Rappe : des Figures & ornements ſont en relief, ſur l'une & ſur l'autre.

1182 La Vierge qui tient l'Enfant-Jéſus.

1183 Autre Vierge, la Tête de l'Enfant manque ; S. Louis ; & un jeune Garçon endormi avec un Mouton.

1184 Un Berger qui présente nn Bouquet à sa Bergere, & deux Bergers, chacun sur un pied de fantaisie. 15. 1

1185 Une suite de quinze petites Figurines assez gentilles. 34. 10

1186 Hercule & l'Hydre, une Figure emblêmatique, une petite Femme dans son fauteuil & deux Vases ornés de petites Figures. 50. 1

1187 Deux Bustes de Jésuites, & deux Têtes, dont une d'Enfant. 15. 16

1188 Une Ecritoire, deux Corbeilles imitant l'osier, deux Couteaux, une Gaine. 19. 9

1189 Cinq Bustes en Médaillons, dont ceux d'Elis. Charl. d'Orléans, Duchesse de Lorraine, & le Grand Luxembourg, quatre sont avec bordures noires. 9

1190 Quatre Dits dont Voiture & le Cardinal Dubois, très bien faits. 6. 15

1191 Trois Tabatieres & trois autres Morceaux d'Ivoire sculpté. 15

1192 Six différens Reliefs & deux petits sujets gravés en creux sur une Plaque. 12

1193 Une Fontaine & sa Cuvette, une Boîte à poudre & quatre Pieces travaillés en relief. 14. 8

1194 Buste d'un Turc, en ronde-bosse, sur un pied de Marbre.

1194 * La Passion de N. S. en relief, sur quatorze Morceaux d'ivoire rougi ; la Naissance de J. C. & son Calvaire, gravées aussi en relief dans le dedans d'une Boîte.

1195 Quatre jolis Bas-reliefs, chacun de quatre pouces de haut, sur six de large ; ils représentent les Quatre Saisons.

Figures & Bas-relief de Marbre & d'Albâtre.

1196 Un petit Amour assis sur une draperie, & tenant un Arc, son Carquois à la ceinture. Ce joli Morceau en ronde-bosse de Marbre blanc, est d'un travail fin, par *Alexandre Algarde*, le pied sur lequel il est posé, son Arc & son carquois garni de Flêches, sont de bronze doré d'or moulu.

1197 Le Buste d'un jeune Homme en Marbre blanc aussi de ronde-bosse, sur un pied de Marqueterie.

1198 La Tête de l'Empereur Néron.

1199 Une très belle Tête de S. Jean, de forte nature, en Marbre blanc, sur un Plat de Marbre noir, vené de blanc : on distingue ce Morceau que l'on trouve d'une grande beauté.

1200 Deux petits Bustes d'Enfans en relief de Marbre blanc, renfermés chacun dans une bordure de bois doré. 25 . 1

1201 Adam & Eve au moment de leur Péché, aussi en relief, mais d'Albâtre. Ce Morceau porte dix-sept pouces de haut, sur dix pouces & demi de large, non compris sa bordure de bois doré. 24

1202 Deux autres Morceaux d'Albâtre, l'un représente Mars & Vénus & l'autre une Figure couchée. 9 . 3

Relief & autres Ouvrages, en Pierres de rapport & Pierres de Florence.

1203 Deux Pierres de Florence où se voyent des Arbres, & une troisième des especes de Fabriques, avec des Compartiments de Pierres de rapport, comme Lapis, Brêche verte, Marbre de Sicile & bandes de Marbre noir. 30

1204 Trois autres Pierres aussi de Florence, entourées de Pierres & Marbre de rapport, avec bordures dorées. 16

1205 Trois *Idem*, dont deux avec des bandes de Marbre bleu Turquin. 13 . 10

1206 Cinq autres dans des bordures dorées.

1207 Cinq Dittes, trois ſont avec des Pierres de rapport au pourtour.

1207 * Deux petites Pierres de Florence, avec bordures dorées, & ſept ſans bordure.

1208 Un beau Vaſe de Fleurs & de Fruits très de relief, compoſé de différens Jaſpes, Prime d'Amétiſte, Grenat & autres Pierres : on fait cas de ce Morceau.

1209 Deux petits Morceaux auſſi de relief, repréſentant, l'un un Bouquet de Bigarreaux, l'autre un de Prunes, entourés de Marbre de rapport & bordés.

1210 Un Vaſe de Fleurs en pierres de rapport ; le Vaſe, quelques Fleurs & vingt-deux petites Plaques de compartimens ſont de *Lapis.* Ce Morceaux porte dix pouces dix lignes de haut, ſur huit pouces neuf lignes de large.

1211 Deux autres plus grands Morceaux, auſſi en pierres de rapport, ils repréſentent des Peroquets & autres Oiſeaux perchés ſur des branches de Ceriſier.

1212 Trois Pierres de Florence en arborisations ; des Pierres de rapport incrustées dessus forment de petits édifices.

1213 Quatre Pieces de rapport ; trois laissent voir sur chacune un Oiseau ; la quatrieme un Lion sur Pierre de Florence arborisée. 12

1214 Quatre Tableaux de Pierres de rapport représentant des fleurs. 46.12

1214* Deux autres de forme oblongue ; on voit dans l'un trois Cygnes, & dans l'autre deux Canards des Indes. 36.2

1215 Quatre dites : dans chacune est un Oiseau Perché sur une branche ; elles sont avec bordures de bois rougi. 15.1

1216 Trois dites. 10

1217 Des Oiseaux, des Fruits & des Fleurs ; six pieces, sans bordures. 17

1218 Deux Figures à Callot, en pierre de rapport, chacune est bordée. 9.16

1219 Trois Pieces aussi de pierres de rapport, représentant des Maisons & des Paysages. 23.19

1220 Deux autres, *idem*, dont une bordée & ornée de bronze doré. 30

1221 Une Ville fortifiée en pierres de rapport, dans une bordure dorée. 26.14

1222 Deux autres représentant, l'un des Ruines, l'autre un Fort proche de la Mer ; tous deux enrichis de figu- 36.5

res ; ils sont dans des bordures noires.

1223 Des Fabriques en pierres de rapport sur deux pierres de Florence arborisées, dans des bordures dorées.

1224 Quatre pierres de Florence, dont une avec des pierres de rapport.

1225 Deux grandes Pierres de Florence, très riches en accidens heureux, dans des bordures dorées.

1226 Deux Tableau de bois de rapport, représentant des Rochers au bord de la Mer.

1227 Une petite Porte en compartiment, composé de Plaques de Jaspe universel, prime d'Amétiste, *Lapis*, &c., & douze autres plus petites Pieces, avec bordures noires.

Figures & Reliefs en bois.

1228 Un Soldat Romain.

1229 Une vieille Femme, une petite Tête d'Homme, & un Buste d'Enfant en buis.

1230 Un Casse-noisette composé d'une figure grotesque, qui tient dans ses deux mains une noisette.

1231 Trois Médaillons en buis, N. S. & la Véronique, S. Pierre & S. Paul.

1232 Douze différentes Pieces, la principale est une Chasse au Cerf.

1233 Un Vaſe en gondole, de bois ſculpté doré. 10 . 4

1234 Vingt-une Dames de bois d'Arabe, ſur leſquelles ſont gravés des deux côtés différens ſujets. 11

Ouvrages en cires, en terre cuite, ſoufres & verres.

1235 L'Enlevement de Proſerpine, bas-relief en cire de deux couleurs, d'un travail très fin, exécuté par un Artiſte des plus habiles. Il eſt ſous verre & porte 2 pouces 3 lignes de haut, ſur 3 pouces 4 lignes. 60

1236 Amphytrite, figure debout en cire & ſous verre, & une Tête auſſi de cire entourée d'un morceau de porcelaine craquelée. 9 . 14

1237 Deux Buſtes; & une Tête de Vierge de douleur, très bien faite en cire, de relief, ſous verre & bordure noire. 9 . 15

1238 Une Eſpagnolette & une vieille Femme en cire colorée: ces deux Morceaux ſont ſous verre; le premier avec bordure de bronze, & le ſecond en bordure de bois doré. 10

1239 Deux Bas Reliefs Romains, compoſé chacun de neuf figures en cire rouge, ſous verre & bordure dorée. 39 . 19

1240 Deux Pieces de différentes pierres de rapport & marqueterie en ébenne chacune renferme sous verre cinq petits portraits de Dames en cire colorée.

*1240 Quatre Portraits distingués, en cire colorée, & ornés de perles, renfermés sous verre, & en bordures de bois doré.

1241 Un Observatoire, renfermant quatre Têtes en cires colorées, fortes comme nature.

1242 Un Buste de vieille Femme grotesque, & une Tête d'Enfant en terre cuite.

1243 Trois Chiens qui combattent contre un Loup : ce Morceau en terre cuite colorée, de ronde bosse, est joliment fait.

1244 Trois cens soixante Soufres, Cires & Pâtes, tirés d'après des pierres antiques & modernes, tant en relief qu'en creux.

1245 Deux cens soixante-douze Pâtes de verre, tirées d'après des pierres gravées.

1246 Sept autres, de relief, représentant des premiers Rois, Reines, & autres Personnages de France, renfermés dans des bordures de bois noirci.

1247 Quinze Plaques de verre avec incrustations d'Oiseaux, ornemens, fleurs, &c. presque toutes en or. 32

1248 Vingt-deux autres de fausse avanturine, faux *Lapis*, &c. 16 . 12

1249 Vingt Dittes, sur plusieurs on a peint des Têtes. 3 . 4

Ouvrages d'art en argent, ou montés en argent.

1250 Un Centaure qui porte sur son épaule un Burgos travaillé & orné, ayant un couvercle sur lequel est une Femme assise, & proche d'elle un Enfant. Ce Morceau d'art & de fantaisie est de distinction par rapport à la matiere qui est d'argent en partie doré & d'un beau travail; il est de ronde bosse, & porte treize pouces six lignes de hauteur. 231 . 12

1251 Un très beau & fort Vase de 16 pouces de hauteur; le corps est en ivoire, sur lequel est représenté en relief le Festin des Dieux: le pied & le couvercle en bronze doré; des têtes ou masques, des ornemens, & trois petits Enfans sur le couvercle qui tiennent chacun une fleur de lys, sont d'argent. 310

1252 Un Amour tenant son arc, un 20 . 1

Basque & un Pantalon en argent ; le premier sur un pied de bois, les deux autres sur des pieds de porcelaines.

1253 Un petit Taureau d'argent, & une Cassolette de fantaisie en argent doré.

1254 Apollon & Daphné en relief d'argent, appliqué sur du velours ; N. S. & la Vierge sur du corail entouré d'argent, & six Pieces tant Médailles que Monnoies d'argent.

1255 Un Soulier du Japon, garni en argent.

1256 Un Vase de fantaisie de bois, garni en argent doré, & représentant une Chouette.

Ouvrages faits de Perles, de Pierres & de Nacres par Robertet, & figures de Coquilles.

1257 Une Garniture de Cheminée, composée de six vases, dont deux avec des anses par Robertet.

1258 Une Paysanne conduisant son âne, & un petit Bacchus sur son tonneau posé sur un pied de Jaspe héliotrope, aussi par Robertet.

1259 Un Dragon, un Dauphin, deux Poissons, & un Oiseau par le même.

1260 Une Pagode par Robertet, & cinq autres Pieces.

1261 Deux Figures faites avec des coquilles.

1262 Deux Chiens marins faits aussi avec des coquilles.

1263 Deux petits Bustes composés de différentes Pierres & de Nacres de Perles; un troisieme en Agate enrichi de Pierres & de Perles.

Tableaux peints sur différentes Pierres.

1264 Des Anges jouant de divers instrumens, peints sur *Lapis*, avec bordure de bronze.

1265 La Conversion de S. Paul, peint aussi sur *Lapis* dans une bordure dorée.

1266 Autre Tableau représentant la Vierge, avec l'Enfant Jesus & Saint Jean, dans une bordure ornée de bronze doré.

1266* St. Jérôme & un Sujet de trois figures, peints sur *Lapis* dans des bordures de bronze doré.

1267 Le Martyre de S. Laurent, peint sur jaspe, dans une bordure enrichie de Plaques aussi de jaspe.

1268 Une Annonciation sur prime d'Amétiste, bordure en bois, ornée de

Pierres, de Plaques de *Lapis* & de Jaſpe.

1269 Fuite en Egypte.

1270 La Mort de S. François, peinte ſur albâtre, bordée en bois noirci.

1271 Le Jugement dernier, peint ſur albâtre, renfermé dans une bordure noire, avec ornement & guirlande en bois de noyer.

1272 Trois Portraits peints ſur albâtre, dont deux ornés de Pierreries, renfermés dans des bordures dorées.

1273 Un Bain de Femme, très bien peint ſur marbre noir, & une Femme tenant un éventail auſſi ſur marbre : ce dernier Tableau a une bordure dorée.

1274 Une Madeleine dans le Déſert, peinte ſur albâtre, & des Enfans ſur huit autres morceaux d'albâtre.

Des Oiſeaux, des Plantes & des Coquillages peints à huile, en miniatures, & à Gouazzes.

1275 De belles Coquilles poſées ſur une table, & deux Péroquets perchés ſur des branches ; Tableau peint ſur bois, il porte deux pieds neuf pouces de haut, ſur deux pieds ſept pouces & demi de large, non compris ſa bordure de bois doré.

1276 Un autre aussi bordé, représentant des Coquillages, Coraux, Litophytes, Panaches de Mer, Papillons, &c. peint sur toile par *de la Joue*. Il porte deux pieds sept pouces & demi de hauteur, sur trois pieds cinq pouces de large.

1277 Deux autres Tableaux représentant des Coquilles, sur bois avec bordures dorées.

1278 Quatre Dits, dont un sans bordure.

1279 Trois Groupes de jolies Coquilles épineuses & feuilletées de Saint-Domingue, attachés à des branches de corail blanc oculé, peints sur vélin par *Madame Vien*, sous verre & bordure dorée.

1280 Un bel Oiseau des Indes, les aîles étendues, peint aussi sur vélin par *Mad. Vien*, sous verre & bordure dorée.

1281 Des Papillons & autres Insectes, peints aussi sur vélin, sous verre & bordure dorée.

1282 Un grand nombre de petits Oiseaux dans un Paysage, très bien peints sur vélin, par un Maître Hollandois, sous verre & bordure dorée.

1283 Divers Oiseaux perchés sur les

branches de deux arbres, peints sur vélin : ce Morceau est d'un grand volume.

1284 La Gruë & la Damoiselle, très bien peintes sur vélin par Aubriette, sous verre & bordure dorée.

1285 Une espece de Griffon & l'Oiseau Royal, peints aussi sur vélin.

1286 *Guiracerba* & la Bécasse de Mer: ces deux Pieces sont peintes, *idem*.

1287 Trois différens beaux Oiseaux, peints sur vélin, sous verre avec bordure noire.

1288 Un Morillon, peint aussi sur vélin, sous verre & bordure dorée.

1289 Deux Colibris, le Cramoisi & un Pupu : trois pieces sur vélin, sous verre & bordure.

1290 Quatre belles Tulipes peintes sur deux morceaux de vélin, montées sous verres & bordures dorées.

1291 Deux Vases de fleurs, peints sur vélin : un coloris vigoureux & brillant, & la touche des plus savantes rendent ces deux Tableaux d'une grande distinction.

1292 Trois Tableaux de figures grotesques.

1293 La Vierge, l'Enfant Jesus & S. Joseph; N. S. couché sur les attributs de sa Passion ; N. S. & la Vierge en regard & une Madeleine. Ces cinq Pieces sont peintes sur vélin, montées sous glace & bordure de bronze.

1294 Quatre petits Paysages avec figures, peints à gouazze par Patelle, sous verre & bordures dorées. 13 . 10

1295 Quatorze Bustes d'Empereurs, & autres Personnages, peints en miniatures en sept pieces sous verres. 18 . 16

1296 Messire Jean de Villemontée, & Marguerite Texier, peints en 1645 par un Artiste qui avoit du mérite. 12

1297 Treize petits Portraits & Sujets de fantaisie peints sur ivoire, & un Portrait en miniature, sous glace & bordure de bronze; plus deux Portraits en émail. 23 . 13

1298 Un Sujet de trois Figures ; un Homme & une Femme se font des caresses, un Enfant tient un Chat. Ce Morceau est de *Clinchetel*, sous verre & bordure dorée. 12 . 1

1298* Le Siege de Thionville & la Bataille de Norlingue, peints à Gouazze par Bernard Hilsen, sous verre & bordures dorées. 17 . 10

1299 Six autres Pieces, trois Batailles & trois Marines, sous verre. 24

1300 Vormes, Bethunes, Fribburg & Courtray, peints à gouazze, sous verre sans bordures.

1301 Quatre différentes Miniatures, sous verres & bordures.

1302 Un petit Vase de fleurs peint en miniature, & deux Sujets Chinois.

1303 Divers petits Tableaux, & quelques Desseins, qui seront divisés lors de la Vente.

1304 De petites Bordures de bronze, des Bordures de bois doré, des Socles, & autres Pieces dont on fera des articles qui seront vendus dans le courant de la Vente.

Emaux, Porcelaines, Figures de Pierre de Lard, Cristaux, & autres Objets.

1305 Un Vase & deux especes de Saliere, peints en émail, & sur lesquels sont représentés des Sujets.

1306 Une Mascarade composée de cinq Figures en émail, sous une cloche de verre.

1307 Des Ouvriers travaillants à la mine, dans un bocal de verre.

1308 Deux grandes Pagodes de Porcelaines blanches anciennes mutilées.

1309 Deux grosses Grenouilles de Porcelaines des Indes.

1310 Un petit Vase de Porcelaine truitée, deux petites Bouteilles & deux Urnes bleues de verre avec ornemens dorés.

1311 Un grand Vase ou Eguiere de fayence bleue, mutilée.

1312 Un grand Plat & une Bouteille de verre.

1313 Un Vase à anse de Porcelaine blanche & agremens bleus.

Un autre Vase de verre imitant le marbre, garni de bronze doré.

1314 Un grand Vase de Cristal, travaillé.

1315 Un Vase de terre de Bocaro.

1316 Un Vase de terre enrichi d'ornemens & de feuillages de même matiere.

1317 Deux Vases & deux Boîtes à thé, de terre rouge.

1318 Une grande Urne de terre antique.

1319 Une Bouteille de verre antique,

1319 *bis.* Deux Lacrymatoires de verre antiques, & plusieurs autres Pieces : en tout huit.

1320 Trois Figures Chinoises, ou Pierre de Lard.

1321 Une Femme tenant un Enfant.

1322 Deux jolis petits Flaccons, deux

Vases ornés de fleurs & de fruits ; deux petites Figures groupées ensemble, & deux Chinois assis : le tout de Pierre de Lard.

1323 Un Chinois & un petit Canapé.

1324 Un Ecran, ou Feuille de paravent Chinois, en Pierre de Lard, & deux Tableaux Chinois.

1325 Une Pagode Chinoise de bois, deux Petits Pots à thé d'albâtre, un Poudrier & un Encrier, de Nacre de Perle.

1326 Un Plat de Pierre de Lard, & un de Serpentine.

1327 Quatre Ecrans de la Chine.

1328 Huit petites Boîtes de Lacq noir & or.

1329 Un Vase d'albâtre de joli forme, & trois autres Vases.

1330 Une Eguiere de métal du Japon.

1331 Une Pipe Persienne de métail blanc imitant l'argent.

1332 Un Coco du Moluque en deux parties, & un Limas de l'espece du Cordon-bleu, posé sur un pied de bois indien.

1333 Deux petits Plats, composés de Morceaux de Nacre de Perles, de Pierres fines & fausses.

1334 Un Plat, une Soupiere, & six Assiettes à l'usage des Sauvages.

1335 Des Plats, Cuillers, Flaccons, & autres ustensiles de bois, aussi à l'usage des Sauvages, en tout quarante pieces.

1336 Quatre Cuillers de terre verte, trois Cuillers faites de Coquilles, montées en argent, quatre autres en Nacre de Perle, deux Couteaux garnis d'argent, & deux Boîtes à poudre.

1337 Quatre différens Plats, avec Figures & ornements de terres anciennes.

1338 Trois Lézards & des Plantes de Métail blanc, formant un Parterre, renfermés dans une Caze de verre, posé sur un pied de bois noirci.

1339 Différentes Coquilles dans une petite Boîte platte, de Lacq, un petit Vase & son couvercle, de bois; & quatre Tasses de Lacq.

1340 Une petite Urne cineraire, de terre ancienne, des Haches antiques, &c. en tout seize pieces.

1341 L'Habillement d'un Mandarin & plusieurs ajustements.

1342 Des Figures, Animaux & Plantes

brodés en soye, colés sur des Papiers blancs : Ouvrages de la Chine.

1343 Des Plumes de différens Oiseaux des Indes, attachées sur vingt Feuilles de Papier blanc.

1344 Deux Ceintures Italiennes.

1345 Quatre petits Vases, trois de composition, le quatrième de Marbre.

1346 Quatre Vidrecomes de terre bleuâtre.

1347 Une Bouteille d'ancienne terre brune.

1348 Un petit Baril de Serpentine, la canelle, le bondon, & deux cercles en bronze doré ; un pied de bois doré le supporté.

1349 Une grande Urne à anse, d'ancienne terre noire & or.

1350 Une Eguiere, un Vase, un Plat long & un Plateau de serpentine.

1351 Un grand Médaillon de cuivre en partie émaillé ; on y remarque la Vierge dans une Gloire, des Rayons, des Têtes de Chérubins, & des ornemens : le tout de corail en relief.

1352 Le Martyre de S. Etienne, & la Conversion de S. Paul, en bronze de relief, sous verre & bordure noire.

1353 Des Enfans, dont un monté sur un

Bouc, en bois de relief, découpé sur un fond de velours bleu, avec bordure noire, & une Paysanne aussi de relief, en bois peint, sous verre & bordure dorée.

1354 Onze Eventails de la Chine & de France.

1355 Un petit Herbier en trente pieces, sous verre, renfermées dans trois Boîtes.

1356 Des Plantes coralloïdes, attachées sur dix-sept feuilles de papier blanc, & onze autres jolies Plantes aussi coralloïdes, d'Alger.

1357 Des Papillons, tant des Pays Etrangers que de France, renfermés sous verre & bordures dorées, au nombre de sept.

1358 Un Chapelet curieux, composé de cent vingt-quatre grains de bois d'ébenne, qui renferment sous verre, les Saints de l'année, peints en Miniatures.

1359 Une Cordeliere de jaspe, une autre de jaspe & agate, montées en cuivre doré.

1360 Plusieurs Chapelets & Colliers qui seront détaillés.

1361 Une Loupe d'écaille, composé de deux verres & d'une très belle agate arborisée, Orientale : cette piece distinguée, vient du Cabinet de M. l'Abbée de Fleury.

Armoires, Bureaux, Médaillers, Tables de Marbre avec des pieds de Bronze, & autres effets.

1362 Quatre Girandoles de bronze, ornées chacune d'une Autruche, composées d'un Oeuf de cet Animal qui en fait le corps, le surplus est de bronze doré : ces quatre pieces sont de goût & très bien réparées.

1363 Deux Tables de marbre de brocatelle d'Italie, posées sur des pieds de bronze, enrichis d'ornemens & d'un goût distingué : la composition & la finesse du travail est tout ce que l'on peut trouver de mieux.

1364 Une Armoire qui servoit à renfermer la Collection des Minéraux ; sa hauteur est de huit pieds, & sa largeur de douze pieds : la Porte du milieu a deux glaces, l'une de quarante-six pouces de haut, sur vingt-quatre de large; l'autre de vingt sept pouces aussi sur vingt-quatre : les deux Portes aux côtés de celle ci-devant ditte, composées chacune de deux glaces ; celle de la partie supérieure de quarante-sept pouces de haut, sur vingt de large & celle de la partie inférieure de vingt-sept pouces de haut, sur vingt de large. Les deux autres Portes aux extrémités dudit Corps d'Armoire, garnie chacune d'une glace supérieure, de quarante-un pouces de haut, sur dix-huit, & les deux inférieures de chacune vingt-six pouces, sur dix-huit. Cette Armoire est richement ornée de belles sculptures en bois argenté; les moulures & les fonds sont peints en bleu; toutes les ferrures proprement faites, sont argentées au feu; il y a aussi quelques pieces en argent.

1365 Un Cabinet en Coquillier de bois d'Amaranthe, composé de vingt-six Tiroirs, deux Portes brisées faites avec art, se trouvent placées, sans être vue, dans l'épaisseur des côtés dudit Cabinet, & servent quand on le veut à renfermer vingt-deux Tiroirs; Une Table de très beau marbre seracolin, fait le dessus de ce Cabinet, qui a été inventé & exécuté par le celebre *Ebeine*, Ebéniste du Roi. 365

1366 Un Coquillier de bois de Poirier, composé de quarante Tiroirs, & de deux grandes Portes fermantes à clef: 90. 1

il porte cinq pieds de haut, sur trois pieds six pouces de large, & quatorze pouces & demie de profondeur.

26 , 1367 Une petite Gallerie, enrichie de Pilastre de Marqueterie, Chapiteaux, Bases & Vases de bronze doré & ornée de sept glaces.

8 . 11 1368 Une autre aussi en Marqueterie, & garnie de glaces.

1369 Plusieurs petites Armoires, corps de Tiroirs, Médaillers, petits Coffres, Boîtes, &c. que l'on vendra dans chaque Vacation.

AVIS.

Un grand Rubis balai de forme ovale, taillé dessous à double dentelle recoupée & à degrés par dessous, ayant plus de dessus que de dessous, très net, avec quelques petites égrisures au feuilletis, pesant cinquante-cinq Karats forts, faisant deux cens vingt grains: la couleur tire un peu sur le vinaigre; ledit Rubis est dans son chaton d'or émaillé à deux charnieres, dans lequel il n'est point serti. Il est déposé au Greffe de la Cour des Aydes de Paris; la Vente sera indiquée par des Affiches particuliere.

FIN.

Total 41684 11 s

TABLE

TABLE.

Fin de la Table

www.ingramcontent.com/pod-product-compliance
Lightning Source LLC
Chambersburg PA
CBHW070906030726
47504CB00005B/1475